U0516913

著 ——［法］休伯特·乔利（Hubert Joly）［法］卡洛琳·兰伯特（Caroline Lambert） 译 —— 李矫

新时代的
企业经营原则

THE HEART OF
BUSINESS

Leadership Principles for
the Next Era of Capitalism

商业的核心

中信出版集团｜北京

图书在版编目（CIP）数据

商业的核心：新时代的企业经营原则 /（法）休伯
特·乔利，（法）卡洛琳·兰伯特著；李娇译 . -- 北京：
中信出版社，2022.3（2024.11重印）
书名原文：The Heart of Business: Leadership
Principles for the Next Era of Capitalism
ISBN 978-7-5217-3781-3

Ⅰ. ①商… Ⅱ. ①休… ②卡… ③李… Ⅲ. ①企业管
理－经验－法国－现代 Ⅳ. ① F279.565.3

中国版本图书馆 CIP 数据核字（2021）第 235472 号

商业的核心：新时代的企业经营原则
著者：　　　［法］休伯特·乔利　［法］卡洛琳·兰伯特
译者：　　　李娇
出版发行：中信出版集团股份有限公司
　　　　　　（北京市朝阳区东三环北路 27 号嘉铭中心　邮编　100020）
承印者：　　北京盛通印刷股份有限公司

开本：880mm×1230mm　1/32　　印张：9.25　　字数：220 千字
版次：2022 年 3 月第 1 版　　　印次：2024 年 11 月第 3 次印刷
京权图字：01-2021-3850　　　　书号：ISBN 978-7-5217-3781-3
定价：69.00 元

赞誉

科瑞·巴里

百思买 CEO（首席执行官）

> 这本书的作者休伯特·乔利是当代最引人注目、最富有同情心的 CEO 之一，这本书将为所有渴望进行有目的地领导，并拥有充满意义的职业生涯的人提供指导。我见证休伯特领导百思买实现了一次千载难逢的转型。这一转型首先基于一个原则，即使命与利润同等重要，即使工作很艰难，也可以充满快乐和激情。

亚历克斯·戈尔斯基

强生董事长兼 CEO

> 休伯特·乔利在组织变革方面的理念令人耳目一新。在这本书中，他对利益相关者资本主义的下一个潜在阶段提出了同样富有远见的观点。这是任何想要理解现代商业是一股全球向善的力量、领导力不断变化的本质，以及为什么我们所做的一切都必须以深层使命为核心的人的必读书。

安吉拉·阿伦茨

苹果公司零售业务前高级副总裁

博柏利前 CEO

> 《商业的核心》将是这十年中具有决定性意义的商业图书之一。休伯特·乔利对于重新设定目标、人和利润有非常成功的经验，他分享了简单而深刻的见解。在这个包罗万象的资本主义新时代，对于所有准备迅速转型服务所有利益相关者的领导者和公司来说，这些经过验证的理念就是完美的指南。

艾伦·穆拉利

福特汽车公司前 CEO

> 在这本书中，休伯特·乔利总结了他一生中关于商业、领导力和生活的经验教训。这是一本十分有意义、引人注目且及时的书，出自一位勇敢的领导者之手。

英德拉·努伊

百事可乐前董事长兼 CEO

在这本书中，休伯特·乔利分享了他关于商业和领导力的原则，他是如何塑造这些原则的，以及多年来是如何将这些原则付诸实践的。无论你是刚从商学院毕业，还是经验丰富的 CEO，这都是一本值得阅读的好书。

尚塔努·纳雷恩

奥多比 CEO

我有幸认识休伯特十多年了。这是一本发人深省的书，阐述了崇高的使命是当今商业成功的重要驱动力。他以自己辉煌的职业生涯中引人注目的逸事来强化这一观点，并提供了将其付诸实践的指南。这是一本及时而有意义的书，它提醒我们企业在推动世界前进方面可以发挥重要作用。

吉尼·罗梅蒂

IBM（国际商业机器公司）前 CEO

OneTen 联席董事会主席

休伯特·乔利证明，企业不需要在利润和使命之间做出选择。更重要的是，他用实用的建议和清晰的例子向我们展示了如何做到这一点。读了这本书，很难不对资本主义的未来感到乐观。

保罗·波尔曼

想象力（IMAGINE）联合创始人和董事会主席

联合利华前 CEO

休伯特·乔利是一位备受尊敬的领导者，他明确地阐述了利益相关者资本主义的商业案例。这本书彰显了他对超越利益的目标和人的热情。在人性最脆弱的时候，他展示了独特的洞察力和真实案例，使商业成为一股不可阻挡的向善的力量。

吉恩-多米尼克·塞纳德

雷诺董事长

以人为本！这本书给那些怀疑资本主义可持续性的人带来了希望。休伯特·乔利以自己职业生涯中无数真实的例子，精彩地解释了一个有使命的人类组织，是如何基于关心和信任，将最绝望的公司变成行业领袖的。休伯特·乔利是当今最受尊敬的商业领袖之一，这无须惊讶。他令人信服地为企业指明了前进的道路，他的建议应该被采纳。

吉恩-帕斯卡·特里夸尔

施耐德电气董事长兼 CEO

这本书揭示了 21 世纪新的领导力模式，与传统思维不同。它强调目的及其与人和文化的一致性。它还强调，我们需要一种新的领导力方式，注重长期和可持续的成效，并对每个人的贡献赋予强大的意义。这本书基于他丰富的职业生涯的海量经验，以及对员工可以在公司发挥重要作用的深刻信念，描述了一条积极的商业之路。

达伦·沃克

福特基金会总裁

早在利益相关者资本主义和商业目标理念被讨论之前，休伯特·乔利就已经成功接受了这两个理念。如今，一位最优秀的商业领袖解释了为什么带着使命和人性去领导是有意义的，以及如何让它在现实世界中发挥作用。这本书思想深刻，研究深入，实用性和可读性强，为我们提供了一个快乐且鼓舞人心的视角，告诉我们如何从内心重塑商业和资本主义。

凯文·斯尼德

麦肯锡全球管理合伙人

商业应该是一股向善的力量。休伯特·乔利已经证明，把使命和人放在商业的核心是最好的领导方法。

莫里斯·莱维

阳狮集团监事会主席

商业童话？不！这是一个伟大、真实的关于效率和重大成果的故事。《商业的核心》是一本必读书，休伯特·乔利分享了他如何通过行善改变百思买，让员工更快乐，对他们的品牌、产品、客户和门店更有激情。

托马斯·布柏尔

安盛集团 CEO

对意义的追求，以及对商业领导力和目标的论述，很可能是当今资本主义最紧迫的问题。休伯特·乔利讲述了他作为百思买董事长兼 CEO 鼓舞人心的历程，他描述了如何将员工及其抱负置于公司的核心，这是将个人成就、商业成功和对世界的积极影响相结合的关键。这本书不仅提供了有用的管理原则和建议，还促使我们思考生命本身的意义。休伯特·乔利的经验和智慧为资本主义的未来做出了至关重要的贡献。

目　录

要明确在为谁服务

要受价值观驱动

要真实

释放人的魔力

比尔·乔治
哈佛商学院高级研究员
美敦力公司前董事长兼 CEO
著有《真北》

我很荣幸有机会为我的好朋友休伯特·乔利的杰作《商业的核心》写序。这本书应该成为新一代企业领导者的指路明灯，他们将围绕自己的员工、客户、供应商和社区重振资本主义，同时为投资者带来可持续的回报。

这不是一本典型的前 CEO 写的书。这是休伯特将他在全球商业战壕中的一生经历与深刻的个人智慧相结合的结晶。这样，他塑造了一种所有商业领袖都应该追求的领导方式。

要达到能写出如此重要的一本书的境界并非易事。休伯特是一个勇于接受挑战的学习者，他在没有前车可鉴的行业中成功扭转了局面。他利用自己在法国接受的严格教育和作为麦肯锡顾问接受的精英培训，担任过 5 家公司的 CEO，最终促成了百思买的转型。在这些年中，休伯特经历了个人的转变，从追求成为决策桌上最聪明的人，到成为一个充满激情和同情心的领导者。

休伯特搬到明尼阿波利斯担任卡尔森集团 CEO 后不久，我们就认识了，而且成了邻居。我们了解到，我们在领导力、资本主义的目的，以及建立和维持伟大公司所需要的因素方面有很多共同信念。在企业界，我们都有过类似的经历——休伯特在法国，我在美国，我们都经历了惨痛的教训，认识到领导者并不是要做一个无所不知的人。

2012 年，休伯特成为百思买 CEO。在此之前，他领导 EDS（电子数据系统）法国分公司、威望迪环球电子游戏部门、嘉信力旅运和卡尔森集团走出困境。尽管他在 EDS 法国分公司和威望迪取得了成功，但在他 40 岁出头的时候，他对追求成功感到幻灭。这激励他"退一步，花时间审视自己的灵魂，为自己的人生找到更好的方向"。在与法国天主教修道士和一些 CEO 的交流中，他认识到工作是一种为他人服务的崇高使命，也是爱的表达。休伯特十分认可诗人纪伯伦的名言——"工作是看得见的爱"。他认为，工作必须以对目标的追求为指导，以人为中心。这一信念塑造了他的人生和事业。

在这本书中，休伯特·乔利真诚地分享了自己的心路历程，同时强调让人们承担共同使命是一种更为强大的领导方式。他认为，分享自己的脆弱可以与他人建立更深刻的联系，并鼓励人们敞开心扉。他写道："人和人之间最真诚的感情连接，都源于我们脆弱的一面，而这种脆弱源于我们都有不完美的一面。"

休伯特并不是唯一一个在事业中期有这种感觉的人，他在年轻时就到达山巅，然后问："这就是全部吗？"我在 40 多岁时，在霍尼韦尔最后的那几年，也有这种感觉。在我第三次扭转颓势的过程中，我努力成为这家全球公司的 CEO。1988 年的一天，在开车回家的路上，我从后视镜中看到一个痛苦的人。我终于承认自己正在迷失方向，努力在一个自己并不热衷的行业里谋一个职位，而不是去实现自己的理想。我压抑了自己的激情和同情心，而不是用我的心去引导自己。在妻子佩妮的敦促和鼓励下，我接受了美敦力公司的邀请，在那里度过了我职业生涯中最好的 13 年。

1995 年，我和我妻子遇到了一行禅师，他教导我们："你所走过的最长的旅程，就是从你的头到你的心的 18 英寸^①。"然而，旅行中获得的智慧并不总是能立即转化为行动。即使作为美敦力 CEO，我也在学习一行禅师的教诲。虽然我一直在努力让这段旅程到达我的内心，但我意识到还有很长的路要走。同样，休伯特为那些非常成功的人提供了一个令人耳目一新的视角。关键的一点是，当你在内心探索真实自我时，你要有一颗开放的心和初学者的心态。

正如休伯特的个人经历使他的领导力更以心为中心一样，他

---

① 1 英寸 ≈2.5 厘米。

的领导哲学也是如此。通过思考自己的经历，他认识到公司也必须有自己的发展之路——从追求财务目标到发现商业的核心在于员工。休伯特注意到，"公司不是没有灵魂的实体，而是以人为中心的人类组织，为了实现这个目标而共同努力"。当公司这样做时，它就可以创造一个所有员工都能开花结果并充分发挥他们潜力的环境来释放人的魔力。他认为，每一个企业的核心都在于它的目标，这个目标使组织能够为公共利益做出贡献，并服务于所有利益相关者。

鉴于百思买所处的困境，许多分析师曾在 2012 年预测该公司会倒闭或被一家私人股权公司拆分。休伯特担任 CEO 后，他和我花了很多时间讨论他面临的挑战。当大多数 CEO 被要求带领企业实现转型时，他们会遵循传统的企业转型策略：（1）关闭 30%~40% 的门店并出售地产；（2）解雇三四万名员工；（3）减少产品类别；（4）以更低的价格挤压供应商；（5）实行高额奖励。

休伯特采取了不同的策略，他认识到使命和人是释放魔力的关键，而这种魔力是完成扭转企业局面的艰难任务所必需的。他承认自己对零售业务知之甚少，于是他去了明尼苏达州圣克劳德的百思买门店学习。他穿着卡其裤和标志性的百思买蓝色衬衫，衬衫上面的工牌写着"见习 CEO"。在百思买的前四天里，他通过观察顾客和一线员工的眼神了解哪里出了问题。

休伯特鼓励百思买的员工参与百思买的"蓝色复兴"战略。他的首要任务是提高百思买的收入和利润，而裁员和关闭门店则是最后的手段。他创造了一个积极的环境，并让公司面临的挑战完全透明化。

转型需要很长一段时间，一段充满不确定性的时间，所以休伯特寻找可以公开庆祝的小胜利，比如在 2012 年底宣布与上一年销售持平，表明收入下降已经结束。他没有压榨供应商，而是与他们合作，甚至与劲敌亚马逊合作，利用门店楼面空间为三星、微软和苹果创建"迷你商店"，并陈列更多家电和医疗器械。这些举措让百思买12.5万名员工有理由对自己的辛勤工作抱有希望，并获得回报，激发了休伯特追求的人的魔力。

结果，销售额和利润率的提高，提升了公司低迷的股价，给股东带来了回报。随着 2016 年百思买实现扭亏为盈，休伯特带领公司制定了"通过技术丰富客户生活"的使命，并转向企业发展战略——"打造新蓝"。

虽然我们可以从休伯特带领百思买成功转型的过程中学到很多东西，但这本书中还能提供更多的东西。它最有意义的信息是，企业如何通过激励员工团结一致，追求共同目标，在未来几年取得成功。通过让员工意识到他们的工作可以实现崇高的使命，他呼吁公司重新聚焦于员工服务客户和公共利益。

休伯特提出了一个令人信服的观点，即追求公司目标要优于米尔顿·弗里德曼的"企业的社会责任是增加利润"这一理念。他相信，我也同意，可持续的利润是那些以使命为导向并关注所有利益相关者的组织的成功结果。

在未来，每一家公司都需要专注于自己的目标，通过为所有利益相关者创造价值，确立服务社会的合法性。遵循休伯特的理念的公司将为员工提供高回报的工作，提供提高和改善客户生活品质的产品与服务，并为投资者提供可持续的回报，从而成为改变社会所需的善的力量。

休伯特·乔利在这本书中向我们展示了实现这一愿景的方法，这本书将他所有的理念浓缩成一个整体。如果商界领导者注意到它传递的信息，并采取这种方法，世界将因此变得更加美好。

穿越周期的长青之道

杨元庆
联想集团董事长

作为一名职业经理人，休伯特·乔利以擅长扭转不利局面而知名。当传统电子零售巨头百思买因互联网电商崛起造成的冲击而式微时，休伯特临危受命，接受挑战，成为帮助这家公司力挽狂澜的领导者。虽然此前没有零售行业工作背景，但他凭借自己的管理能力，在 8 年的时间里，成功带领百思买扭亏为盈，实现转型。这一转型是商业管理的一个经典范例。

在这本书里，休伯特总结了自己带领百思买扭转乾坤的管理经验与感悟。不同于传统的商业管理图书，他并没有落入讲述自己如何判断行业趋势、制定转型战略、高效推动执行、用财务数据证明转型成功的叙事窠臼，因此，他对管理本质的思考更加深刻，而这种深刻是超越行业，甚至是超越商业的。

他告诉我们，企业的本质是一家有使命的组织，而组织的每一个构成者都拥有鲜活、独特、有温度的人格。因此，只有将使命和人置于组织的核心，才是实现财务业绩和长远发展的根本。因此，经营好企业，关键要带领团队制定正确而远大的目标，找到比赚取利润更崇高的使命，还要以人为本，从"人"这个核心要素出发，释放"人"的最大魔力。这种对管理学的思考，具有深厚的哲理意义和人文主义色彩。能真正做到这一点，堪称管理者的至高境界。

休伯特的感悟也让我回想起在联想的国际化进程中，我们在跨国并购整合时遇到的管理困境。最终，我们同样以理解和尊重文化差异、构建以人为本的企业文化作为切入口，成功实现了业务整合和扭亏为盈。因此，休伯特在这本书中的很多思考与阐述，也让我深感共鸣。

企业在成长和发展过程中，难免经历起起伏伏。每一位领导者和管理者，都在寻求带领企业化危为机、穿越周期的常青之道。作为一本管理指南，这本书不是在讲述某种"武功"招数和管理套路，而是在向管理者分享"内功心法"。只有内功深厚，才能行稳致远。如果你想提升自己的管理思维和管理能力，无论身处何种行业，你都能从这本书中获得智慧的启迪和具有实操性的指引。

以人为本、商业向善的经营哲学

陈科

安踏集团首席运营官

罗兰贝格前全球高级合伙人

受邀为休伯特·乔利撰写的《商业的核心》中文版写序，我深感荣幸。休伯特·乔利曾任麦肯锡合伙人，之后做过5家公司的CEO。2012年，他接任全球最大的电器零售集团百思买CEO，并带领百思买完成了堪称经典的"扭亏为盈"商业转型。

2012年，在休伯特·乔利接任百思买CEO时，其股价已跌至个位数。当时，在北美市场，随着消费者的购物行为转向线上，并开始注重产品功能，在线零售平台和折扣商店因产品丰富和价格优惠获得了快速成长，很多传统实体家电零售商因没有及时做出相应的变革而导致业绩大幅下滑。诺贝尔经济学奖获得者米尔顿·弗里德曼在《资本主义与自由》一书中指出，企业唯一的社会责任就是使利润最大化，进而将其分配给股东。很多企业在扭亏为盈的过程中都遵循了米尔顿的金融资本主义模型，大幅削减成本（关店、裁员、和供应商重新谈判等），增加短期收入（扩大品类、快速获取流量等）。米尔顿的模型是快速扭亏为盈的一种选择，但是只考虑了金融资本的利益，没有重点考量人（员工、消费者以及合作伙伴）和社会的利益。

这本书虽然讲述了很多经过验证且卓有成效的转型管理实践，但严格来说，它并不是一本典型的转型管理工具书，而是休伯特·乔利基于自己多年成功经验总结的管理哲学，并结合百思买转型过程中的翔实案例，让我们深刻理解把企业崇高使命和人放在首位的重要性。这也是休伯特·乔利的管理哲学区别于米尔顿·弗里德曼的金融资本主义模型的关键。

在我的职业生涯早期，作为咨询顾问，我完整参与了百思买在中国的发展。21 世纪初，随着中国城镇化的快速发展，满足居民一站式购物的大型品类门店快速崛起。百思买也在家电零售行业群雄逐鹿的时代进入中国，通过收购五星电器快速完成在中国市场的布局，并通过百思买自有门店践行自己的业务模式。2006 年底，百思买中国首店（上海徐家汇门店）开业，这也是中国家电零售业第一次按产品品类陈列方式呈现，全部员工都是提供销售建议的无佣金自有员工，第一次把家电延保服务作为服务类商品进行销售，Greek Squad（奇客）、"影音世界"及"妙趣厨房"等都被完整呈现给了中国消费者。抛开后续因天时、地利等因素百思买最终退出中国市场的结果，站在今日回望过往，无论是业务模式创新、经营管理实践，还是以人（员工、消费者、合作伙伴）为本的经营理念，百思买都给中国零售企业带来很多启示。

当下，消费市场进入存量竞争时代，消费者体验和企业运营效率决定了企业的核心竞争力。回首过往，在当年的增量竞争时代，百思买中国首店所推出的 DTC（直面消费者）模式和精品小店业态，代表了存量竞争时代的行业发展趋势。在以产品为中心的时代，百思买构建的以消费者为中心的模式已然完整，百思买清晰定义了自己所服务的消费人群，也深刻理解门店才是最重要的经营中心，店员才是直接服务顾客的公司员工。休伯特·乔利在百思买的前四天，佩戴着"见习 CEO"的工牌在门店工作，通过观察顾客和店员的眼神了解哪里出了问题，通过和店员、顾客交流，思考如何提供其他零售商提供不了的服务和商品，并通过调整店面陈列选择线下既受欢迎又赚钱的产品。休伯特·乔利传递了一个信号，企业中所有的人都需要关注门店，关注门店里的员工和顾客。其实，所有成功的零售消费企业都高度重视门店和顾客，山姆·沃尔顿会扮成匿名顾客去不同的沃尔玛门店检查，也会作为店员去整理货架，和顾客交流，提供必要的服务，发现顾客需要但门店还没有的商品，发现可以产生交叉销售的关联品类，筹划能够让顾客"哇哦"的促销活动，通过这些行为践行沃尔玛"顾客第一"的经营理念。优衣库的柳井正也提出"一切以顾客为中心"，他提出如果顾客能把一个具体的商品摆在我们面前，那就说明"这种东西"在这个世界上已经存在。在这种情况下，即便优衣库能够为顾客提供这种商品，顾客既不会感动，也不会感觉到任何附加价值。通常情况下，顾客告诉我们的仅仅是问题和需求，优衣库需要做到基于顾客反映的问题和需求，充分发挥想象力和创造力，以达到超出顾客期待的水准，让顾客产生"居然可以这样，真了不起"之类的感叹。

全球疫情让我们每一个人都对巨变中的世界有了近距离且直观的认识，也改变了我们对事物固有的线性认知，更让我们重新思考生命的意义是什么，我们今日的行为能给世界留下什么，我们做事的动机是否能够支持我们坚持到底。始终始于人、始终终于人是休伯特·乔利管理哲学的核心。我从罗兰贝格全球高级合伙人岗位上转型至全球领先的体育用品公司安踏集团，休伯特·乔利在这本书中描述的很多管理理念都能够引发我的共鸣。维克多·弗兰克尔在《活出生命的意义》一书中指出："寻找生命意义有三个途径——工作（做有意义的事情）、爱（关爱他人）和拥有克服困难的勇气。"根据休伯特·乔利在这本书中描述的管理理念，公司的目标是创造一种环境，确保员工有存在感和成就感，而最好的方法就是将员工的个人追求和公司的崇高使命联系起来，产生共鸣。领导者需要创造一个让员工找到工作意义的环境，让每个人都能接受自己和别人本来的样子，透明化和鼓励展示脆弱是公司管理者与员工构建真正的人际关系的核心，也是构建信任、多元化、包容性的基础。

　　疫情期间，很多企业的经营都受到了巨大影响。企业主面对中长期的不确定性和短期巨大的经营压力，会依照自身的管理理念制定不同的应对策略。休伯特·乔利在百思买股价跌至低谷时接任 CEO，他在入职演说中阐明了自己的理念："公司的目标不是赚钱，而是为人们的生活做出积极贡献。"他说的"人们"不仅仅指消费者，也包括员工和合作伙伴。他说，即使面对巨大的经营压力，裁员也不是首选，而是最后的选择。百思买管理层反复强调 12.5 万名员工都很重要，鼓励员工像服务兄弟姐妹一样服务顾客，确立"我就是百思买"领导会议主题，讨论每个人如何为公司做贡献。在高管静思会上，高管们会分享各自的故事，激励所有人齐心协力，也加深了公司使命和个人利益之间的联系。当飓风"玛利亚"摧毁波多黎各岛上所有的电力和通信系统时，公司租了私人飞机飞了 14 趟，给岛上的百思买员工送去了各种救援物资，并安排员工和其家属撤离，践行了公司"不会忘记任何一个员工"的理念。波多黎各岛重建后的门店成为销量远超其他门店的典范，这就是人的力量。2020 年疫情刚暴发，对于海底捞、西贝等餐饮企业来说，租金和员工工资这两项就使得公司压力巨大，但它们没有选择裁员，而是一边照顾好所有员工的生活，安排在线学习，一边通过与商超等其他组织共享员工的方式增加营收。企业树立了崇高使命和关爱人的经营理念，在艰难时刻，就会涌现很多员工与企业共渡难关的感人故事，也会在疫情消退后创造很多经营奇迹。

作为卓越的企业领导者，休伯特·乔利认为一家公司应将崇高的使命作为公司战略的基石，而崇高的使命就是把人（员工、消费者、合作伙伴）和社会公共利益置于组织的中心。对于内部来说，企业的最终目标就是每个员工的成长和成就感。对于社会来说，企业应该为公共利益做贡献，服务所有的利益相关者。休伯特·乔利的观点和彼得·德鲁克在《管理：使命、责任、实践》一书中提出的判定好企业的标准异曲同工。彼得·德鲁克提出："判断一个企业是不是好企业，除了经济维度，还需要一个社会维度。社会维度是有关企业存亡的一个重要维度，企业是社会和经济的产物，社会或经济都可以在一夜之间就使任何企业不复存在。"在物质越来越发达的今天，企业与社会和生态环境的关系，企业与员工和社区的关系都变得日益重要。

休伯特·乔利根据自己的经验指出："我曾经以为，领导力是一种由数据和分析驱动的自上而下的战略规划方法，我现在则专注于使命和激发人的魔力。我曾经努力成为团队中最聪明的人，解决所有问题，现在则专注于创造一种环境，让所有人可以蓬勃发展，并找到解决方案。我曾经相信利润是商业的目的，现在我知道，这只是一种迫不得已的结果。"休伯特·乔利的这段话很生动地表述了很多受过专业训练的职业经理人对于领导力的认知升级演进过程。

　　人类的天性是追求自主，相互联系。作为新时代的企业领导者，在构建员工自主性上需要引入更多自主权，要相信员工能够做出最好的决策，也要愿意随时在需要的时刻提供帮助和诚实反馈，设定不可动摇的目标，激发团队精神，激励员工努力成为最好的自己。一个领导者如果能激励别人有更多的梦想，学更多的东西，做更多的事情，有更多的担当，就是卓越的领导者。在这本书中，休伯特·乔利结合使命和以人为核心的经营理念，通过自己带领百思买成功转型的实际案例，描绘了一个以人为本、商业向善的经营哲学蓝图。在新时代、新格局之下，相信这本书会对大家有所启发。

重新定位人员、业务、利润的关系

陈国环

阿里巴巴前核心高管

赶集网前首席运营官

瓜子二手车联合创始人、前首席运营官、前首席战略官

著名创业教练、导师

中信出版社推荐我读读《商业的核心》。我本以为它和绝大多数管理书籍一样，要么是纯理论化地讲述一堆管理大师的理念，晦涩难懂，要么纯粹是个人传记。但当我翻开这本书时，我就被其第一章以一种源自灵魂深处的魔力深深吸引了，读罢全书，收获颇丰。

作为中国的一个读者，虽然我和休伯特·乔利从小所受的教育和文化背景不同，但读这本书却没有一丝源自文化差异的障碍：不仅因为我 20 多年的管理生涯中的几段经历和休伯特·乔利的经历颇为相似，还因为休伯特·乔利能将纷繁复杂的管理哲学提炼为事物最底层的本质，后者也许更为重要。

此外，休伯特·乔利特殊的叙述手法，也深深吸引着我，引领我不断阅读和探索。休伯特·乔利在担任百思买 CEO 期间，以重振百思买为己任，通过场景化再现，润物细无声地将自己的

管理经验融入百思买发展的具体场景。阅读此书，你就像百思买联合创始人一样，和休伯特·乔利一起奋斗在百思买复兴的旅途中，一路相伴，一路行走，一路灵魂共鸣和对话，其乐无穷。

休伯特·乔利在这本书中将企业管理理念回归到人本主义的本质，以工作作为切入口，探索了管理中最精髓的人本主义的力量。这本书同其他人本主义管理类书籍有本质上的不同：那些图书更多强调对人的重视和以人为中心的管理逻辑，休伯特·乔利却用自己的实战经历，将人本主义的管理推向更本质的底层，以人的潜能激发和管理为本质，以人人都离不开的工作为探寻入口，探寻工作的本质。

休伯特·乔利强调，工作是实现人生价值的手段，是人类寻找生命意义的一部分，是寻找个人意义的一把钥匙，是人之所以成为人的一种基本要素，也是寻找满足感的一种方式。他赋予工作一个全新的内涵——工作是探寻生命意义的旅程。这就激发了人的好奇、兴趣等天性，这些天性又触动了人最本质的力量——爱的驱动。在爱的驱动下，工作的内涵和动力真正发生质变，人的魔力就会被充分激发。

休伯特·乔利在阐明了工作的本质和人的魔力等问题后，提出公司并不是没有灵魂的，而是以人为中心的人类组织。他认为：股东不是第一位的；利润只是结果，不是目的，也不是衡量经营好坏的指标；只关注利润很危险，会引起顾客和员工的反感。

他指出：人员的发展和成长是第一要素，因为这会让忠诚的顾客反复购买产品和服务；业务是第二要素，业务发展趋势好，自然会有利润，而利润只是一个结果。

休伯特·乔利在振兴百思买的过程中，也颠覆了一些传统激发人的魔力的做法。他认为金钱激励的作用有限，要用梦想打造团队，完全以人为本，凡事始于人，终于人，始终强调以人为中心。

休伯特·乔利在《商业的核心》一书中分享了自己的管理精髓，对当代正在转型升级的中国企业有很大的借鉴意义。在00后和90后占社会主流的今天，对工作意义的重新界定，对员工、客户、股东关系的精准调整，对中国企业有重要的指引和参考意义。在中国企业转型升级的节点上，这本书是将实战案例和管理哲学完美结合的典范，值得所有人阅读和借鉴。

打破思想禁锢，扭亏为盈

冉涛

华为前人才招聘总负责人、百森智投创始人

百思买前 CEO 休伯特·乔利所著的《商业的核心》讲述了他如何带领百思买实现 6 年的连续增长。在移动互联网时代，一家传统零售巨头摆脱业绩下滑的魔咒，具有时代意义。经营良好的企业，有的只是赶上了时代红利的风口。能实现逆势增长的传统企业，一定是修炼了异于常人内功的优秀企业，它的成功不是偶然，而是必然。

当休伯特·乔利接手百思买时，美国大公司 CEO 的惯常做法是想方设法提升股价。只要利润得到大幅改善，就能实现这一目标，最简单有效的方法就是削减开支和全球裁员。这样华尔街就可以立刻看到成效。休伯特·乔利没有那样做，他上任的第一件事就是花几天时间去一家百思买门店实习，开展现场调研，与员工、店长一起工作，以便了解到底是什么让百思买出现严重亏损。他发现当消费者来购物时，店员只顾聊天，没人主动迎接并做产品介绍。因此，消费者只把百思买门店当作体验店，很多人体验了一下，就到网上购物了。他还发现门店的商品陈列组合很多年没有改变，销量最高的手机只占营业面积的 4%，而销量很低的白色家电却占了很大面积。

因此，休伯特·乔利开出的拯救百思买的药方就是以人为本，让每个人都找到工作意义。这太出乎意料了。从人开始，真的可以挽救一个濒临倒闭的巨头吗？他就是这样做的。他的理由是，很多管理理念都源自"泰勒时代"的人性假定，即工作只是谋生手段，而人根本就不喜欢工作，因此，管理就是制定目标、安排工作、严格考核、奖惩到位，这样员工就会为了养家糊口而工作。事实真的如此吗？一个找不到工作意义的人，能够将自己最大的热情和创造力释放出来吗？能够用自己的热情感染客户，从而快速成交吗？能够突破法律规定的限定加班吗？当然不能。因此，百思买缺乏的不是管理，不是绩效，而是员工对工作的激情。如何激发人的魔力就是《商业的核心》的核心思想。

事实是最好的证明，休伯特·乔利成功了。在他的引领下，百思买取得了惊人的成就。他也充分验证了自己的管理理念——人是企业经营管理最重要的变量。

因为工作的关系，我接触了非常多的中国民营企业，发现有一些老板还是很固执地认为，企业应建立一套严密的数据管理体系，对每个岗位的绩效进行独立、不依赖于人的评价，管理系统每月自动算出绩效得分，然后根据得分进行奖惩。在他们的眼中，员工不过是机械执行公司指令的螺丝钉。这简直大错特错。

我对很多老板反复讲过：华为没有岗位说明书管理制度，却可以做到 20 万人的规模，而整天醉心于明确岗位职责的很多企业的人员规模却难以扩大并保持稳定；华为没有复杂的不依赖于人的绩效考核体系，却可以做到 9000 亿元的营收，而醉心于把绩效当作神器的很多企业，无论如何，都摆脱不了业绩徘徊不前的困局。因此，管理制度的先进无法弥补人才匮乏、干部不胜任等造成的短板。人是一切管理的根本。

这一点也是我一直坚持并为之奋斗的理念。华为的成功和我亲历的过程，让我深刻认知到人是企业经营管理最重要的变量，解决了人的问题，其他问题都会迎刃而解。可人的问题又是最大的难题，因此，老板一定要练就一双伯乐眼，善于发现那些潜力巨大的人才，给他们施展才华的舞台和机遇。

四年前，我创办了百森智投——一家致力于帮助更多企业实现持续增长的人力资源管理咨询公司。根据我提出的"445"人才评估模型（干部胜任的 4 层站位、4 项基本能力和 5 项基本素质），百森智投对 60 多家企业客户的几千名管理者进行了一对一人才评估，结果发现按照华为的领军人才 5 项基本素质的录用标准，仅有 1.5% 的人达标。这就是很多企业虽然学习华为的各种管理制度，但却无法成为下一个华为的最大原因。

　　当我苦苦思考如何证明自己的观点时，休伯特·乔利在百思买的成功实践正好印证了我的判断。可见，真理就在手中，干就对了。

成为有效的领导者

"吉姆,你疯了!"

这是我对我的朋友吉姆·西特林说的话。他是全球高管猎头公司史宾沙北美地区 CEO 业务的负责人。吉姆和我从 20 世纪 80 年代就认识了,当时我们都在管理咨询公司麦肯锡工作。2012 年 5 月,吉姆问了我一个简单的问题:"你有兴趣做百思买的下一任 CEO 吗?"

我很早就知道百思买,这不仅仅是因为我接到吉姆的电话时住在明尼苏达州。十几年前,当我在洛杉矶领导威望迪环球电子游戏部门时,我第一次冒着严寒来到明尼阿波利斯,在百思买总部推销《暗黑破坏神 II》、《半条命》和其他最新的电子游戏。2008 年,我没有被天气吓倒,搬到了明尼阿波利斯,成为卡尔森集团的 CEO。一年后,我邀请布拉德·安德森加入卡尔森的董事会,因为我非常钦佩他和百思买的创始人迪克·舒尔茨打造了一家令人敬畏的零售巨头。安德森在百思买工作了 35 年，刚刚从 CEO 的位置上卸任。百思买从明尼苏达州圣保罗的一家销售音响设备的专卖店起家，已经成为世界上最大的电子产品连锁店。

但不管我怎么看，吉姆的想法都让我觉得很疯狂。我对零售一无所知，而且到 2012 年，百思买的市场形势看起来不妙。在线零售，尤其是亚马逊，正在快速扰乱电子产品零售，让曾经强大的品牌陷入困境。电路城（Circuit City）已经申请破产，无线电音响城（Radio Shack）也在破产的路上。此外，几家百思买最重要的供应商——苹果、微软、索尼和其他公司——都在开设自己的门店。与此同时，百思买在美国市场的经营业绩一直在恶化。

这还不够糟糕？雪上加霜的是，百思买的前任 CEO 刚刚被解雇，创始人迪克·舒尔茨想将公司私有化，分析师和投资者都预测百思买将走向灭亡。

"这简直就是个困兽之地！"我告诉吉姆。

他对这些似乎不以为然，还说："百思买非常适合你。这是扭转局面的大好时机，而你是扭转时局的高手。我觉得很不错！你至少应该看一看。"

有三件事情促使我决定听从吉姆的建议进行调查。第一，在卡尔森干了八年之后，我对离开卡尔森持开放的态度，因为卡尔森家族和我对公司应该如何发展有不同的看法。第二，我信任吉姆。第三，我确实在我的职业生涯中有过几次领导扭转局面的经历，我可以看看我在一些类似或接近百思买的颠覆性行业和部门的工作经验是如何相关并发挥作用的。

我做了在这种情况下通常会做的尽职调查，看了关于百思买的所有资料，听了投资者的介绍，与在那里工作过的人进行了交谈，还参观了一些门店。我了解的信息越多，就越兴奋。

问题不在于亚马逊，也不在于市场或数字颠覆。

事实上，这是市场上一个激动人心的时刻，因为消费技术的创新推动了巨大的需求。我认为这个世界需要百思买，因为顾客需要在他们的技术选择上得到帮助，供应商需要这个广泛的门店网络展示他们数十亿美元研发投资的成果。我对零售业务还不是很了解，可我很清楚，尽管百思买面临重大挑战，但百思买的问题很大程度上是自己造成的，因此完全在其控制范围之内。百思买的未来并非必然走向灭亡。问题是可以解决的！

当我第一次见到将选出下一任 CEO 的百思买董事会成员时，我不再认为吉姆疯了。我想要这份工作。

"我觉得我整个职业生涯都在为这份工作做准备。"2012 年 7 月 14 日（巴士底日，对一个法国人来说这是一个很重要的日子），我在第一次面试时告诉董事会成员凯西·希金斯·维克多和招聘委员会的其他成员。一个月之后，也就是我生日的那天，我接到了凯西的电话，她告诉我，我将成为百思买的下一任 CEO。

接下来在百思买的八年是一段鼓舞人心、令人满意的冒险。这家本来会被亚马逊扼杀的公司再次成为一家欣欣向荣、不断增长的零售商，与亚马逊合作，拥有敬业、热情的员工。到2019年6月，当我把CEO的接力棒交给科瑞·巴里和她领导的团队时，百思买已经连续六年实现增长，收入增长了两倍，2012年跌至个位数的股价也达到75美元。媒体报道谈到我们如何"突破预期""打破常规""拯救公司"。我觉得我已经完成我要做的事情。2020年6月，我辞去了董事长一职。

在百思买的这段时间里，我能够把我之前在职业生涯中学到的东西付诸实践，我也从百思买员工那里学到了很多。我了解了工作，了解了公司的性质和角色，认识到是什么点燃了员工的热情，从而产生了卓越的表现。我还学到了什么是领导力。

我认识到，我在商学院以及作为一名顾问和年轻高管时学到的有关商业的很多东西，要么是错误、过时的，要么是不完整的。我认识到，公司的目标不是赚钱，这与米尔顿·弗里德曼想让我相信的相悖。我认识到，传统的自上而下的管理方法——让几个聪明的高管制定战略和实施计划，然后告诉公司里的每个人该做什么，同时制定激励措施来激励他们——很少奏效。我还认识到，把领导者看作聪明、强大的超级英雄的模式已经过时。

通过我所有的经历，以及在百思买那些令人难以置信的岁月，我逐渐相信并且明白了使命和人际关系构成了商业的核心。我认为，它们应该是目前正在进行的必要而紧迫的商业重建的核心。过去几十年我们所熟知的资本主义正处于危机之中。越来越多的人认为，资本主义制度应该为应对社会分裂和环境恶化负责。员工、顾客甚至股东对公司的期望远远超过对利润的盲目追求。工作中不敬业是一种全球流行病。最近，一场新的民权运动和新冠肺炎大流行迫切需要我们重新思考资本主义制度，以便成功应对我们面临的巨大挑战。

在这场斗争中，企业可以是一股有益的力量，在帮助解决世界上一些最紧迫的问题方面处于独特地位。越来越多的商业领导者同意这一观点。但从经验来看，我们都知道这很难做到。

这就是为什么，当我开始我人生的下一个篇章时，我想和大家分享这些年我学到的东西。作为 CEO，我刻意保持低调，礼貌地拒绝了大多数将我展现在电视节目和杂志封面上的请求。对我来说，管理不是为了 CEO 的名誉和荣誉。这是关于工作，关于我在公司领导和激励的员工。然而，我现在已经辞职，我想以我的经历和经验来推进这一愿景，让它在更多的地方成为现实。我想围绕价值和人性为必要的商业重建做出贡献。

我的信念是经过 30 年反思、学习和实践的总结。在我的旅程中，我从伟大的思想家、研究人员和实践者的成功中吸取了思想、知识和灵感。因此，这些信仰是建立在研究、精神探索和他人智慧的基础上的。但通过我所领导的公司的转型，我也在现实生活中形成并检验了这些信念。我从意料之中和意想不到的地方观察和学习，包括伟大的领导者、同事、导师、教练、家人和朋友，以及法国漫画和许多流行电影。这本书反映出，我成为的那个领导者是由来自数千个地方的数千个想法交织而成的。这就是学习真正起作用的方式。所谓天生领袖，即天生有能力的超级英雄只是个神话。真实的情况是，一个高管教练指出了你的缺点，或者一个同事清楚而简洁地指出了一个让你永生难忘的事实，或者一个一线员工向你展示，你有多必要了解那些与你不同的人的生活。这样的故事在书中随处可见，因为它们成就了现在的我，这些也是我要分享的重点。

虽然这本书是基于我的工作经验，但它不是一本回忆录，也不是关于百思买或我领导过的其他公司扭亏为盈和转型的详细汇编，尽管这些故事在书中随处可见。这本书阐述的是下一个资本主义时代的关键领导原则，以及如何在最好和最艰难的时期将这些原则付诸实践。在这本书中，这些原则是从我在百思买和其他公司工作时，于旅行、阅读和经验中提炼出来的，而不是罗列的清单。

这些关键的领导原则及其应用在本书分四个部分展开。要想改变我们处理业务的方式，首先要改变我们对工作性质的看法。第一部分提出了一个更鼓舞人心和积极替代传统工作的理念。工作不是一种诅咒，也不是为了你做别的事而首先要去做的事，工作可以是我们作为人类寻找意义和实现自我价值的一部分。

第二部分探讨了为什么认为企业的主要目的是最大化股东价值的传统观点是错误、危险的，不适合今天的环境。相反，公司的价值必须是为公共利益做出贡献，并以和谐的方式服务于所有利益相关者。为了做到这一点，公司必须被看作由支持一个鼓舞人心的共同目标的人组成的人类组织，也就是丽莎·厄尔·麦克劳德所说的"崇高使命"。[1] 在商业模式的架构中，崇高的使命是公司成立的基石，而人是一切行为的中心。

在重新定位了工作的目标、公司的角色和性质之后，我们在第三部分中讲述了推动这一架构的非常人性化的维度，以及如何释放我所说的人的魔力。这就需要创造一种环境，能够激励公司里的每一个员工，让他们的表现变得非常出色，我喜欢称之为卓越表现。

最后，第四部分详细介绍了将这一切整合在一起所需要的领导素质——有目标的领导者的五个"要素"。今天的领导者必须要有目标，清楚他们为谁服务，意识到他们的真正角色是什么，被价值观驱动，并且是真实的。

如果商业过度追求利润使你失去了想象力和灵感，那么这本书就是为你而写的。如果你正在寻找另一种方法来帮助商业成为真正的善的力量，这本书就是为你准备的。如果你想要以使命感和人性化的精神来领导公司，让所有的利益相关者受益，那么这本书非常适合你。如果你想更好地理解使命和人际关系是如何带来惊人的长期成功的，你更需要这本书。

　　我希望这本书能够帮助企业各个层次的领导者，以及任何想在商业中过有意义、有影响力、快乐生活的人，成为更有效的领导者。我希望这本书能让商业和世界变得更美好。

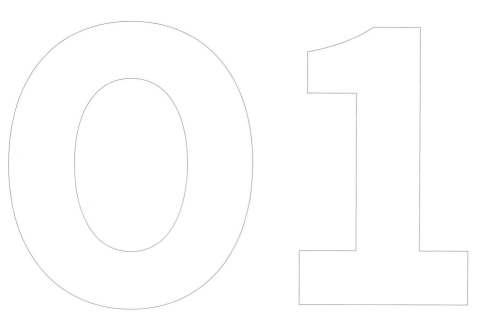

第一部分

重塑商业始于员工对
工作意义的追求

我们为什么要工作？为了权力？名声？荣耀？金钱？或是因为工作有用？为了改变世界？还是因为我们只有工作，才能做别的事情？我们每个人对这个问题的回答会影响我们对待工作的态度，以及我们愿意为工作付出多少。工作可以是我们追求人生意义和自我实现的一部分。如果我们每个人都能认识到工作的本质不是一种负担，而是一种机会，那么我们就可以改变商业。

第一章

工作是无趣的吗？

工作是我们想逃却怎么也逃不掉的事。

——马克·吐温

2012 年 6 月，就在我对吉姆·西特林说他疯了之后不久，受邀成为百思买下一任 CEO 之前，我去了位于明尼阿波利斯郊区伊代纳的百思买门店。做一回神秘顾客是我对百思买尽职调查的一部分。没有比去门店买东西更好的方法来体验一个不景气零售商的境况。

一进门，我就发现自己仿佛走进一个毫无生气、黑暗、荒凉的洞穴，只有寥寥几个顾客。在布满灰尘的过道里徘徊了一会儿，没人搭理我，我就走开了。最后，我碰到三四个身穿醒目的百思买蓝色衬衫的门店销售人员，他们忙着攀谈，不关心我在找什么，也不在乎怎样才能帮到我。

我本来决定要买张手机屏幕保护膜。我觉得屏幕保护膜很难贴，总感觉自己贴不好。所以我从货架上拿了一个，向那几个销售人员走去，打断了他们的谈话，问他们是否愿意帮我贴上。他们有气无力地说，可以包贴，贴膜费 18 美元。

我惊呆了。18 美元？开玩笑吗？早知道我还不如在网上买，省得跑一趟，还省钱。

我认为销售人员这么做是因为公司的政策。我可以很容易地想象到他们被告知要从每一个顾客身上赚钱，并利用任何可能的机会来赚钱。

对我来说，这次神秘购物体验是失败的。门店销售对顾客疏离的程度令人震惊。他们就像是摆设一样，做最少的事，只有在被问及时才搭理我。他们显然没有兴趣和我开展有意义的对话，来了解我是否还需要买别的东西。买张手机屏幕保护膜并贴上这样简单的交易搞得像拔牙一样复杂。他们的确帮我贴好了，但是我可以说他们的工作没有给他们带来快乐，他们的态度和工作的方式没有打动我——他们的顾客。

几天后，我去了位于里奇菲尔德的百思买总部旁边的另一家门店。这次，我想买部手机。我一进门店就感到心情愉悦：门店更加明亮，也不觉得脏。更妙的是，我发现了一部 LG 翻盖手机，标价零美元（那时，零售商会从手机运营商那里获得一些赠品，为了让人们使用他们的套餐，运营商会用免费的手机作为激励）。

手机部门的工作人员很友好。在要求门店销售帮忙激活服务（包括国际电话服务）之后，我高兴地离开了门店。难道我在伊代纳的购物经历只是个不幸的例外？

那天下午，我试着用新手机给我在法国的女儿打电话。很不幸的是，手机打不了国际长途。这让我陷入了卡夫卡式的客服过程。我首先打电话给门店，要求接通移动电话部门，没有人接电话。然后我尝试打电话给百思买呼叫中心，但工作人员不知道如何操作。最后，我不得不去购机的门店解决这个问题。对我来说，这是一个教科书式的案例，说明一家公司是如何更专注于产品销售而不是真诚地想办法帮助顾客的。

如果一家公司的员工不再有能力或者有动力真正接触顾客并满足他们的需求，就是在搬起石头砸自己的脚。

不敬业是全球性问题

不幸的是，2012 年我作为神秘购物者在百思买遇到的销售人员不是个例。当涉及他们的工作和他们所属的公司时，世界上大多数的人都感觉无所谓。他们的工作不能激励他们，因此，没有动力付出他们最大的努力、精力、注意力或创造力。为了确认这一全球性问题的数据，美国 ADP 研究院对全球 19 个国家的 1.9 万多名员工进行了调查。他们发现只有 16% 的员工"完全敬业"。这意味着有 80% 以上的员工只是混日子，这一数字十分惊人。尽管不敬业程度在每个国家都不一样，但很明显这是个世界性现象。[1]

这是一个未能激发个人潜力的悲剧，因为我们一生人部分的时间都花在工作上，却有如此多的才能和动力未得到发掘。数以百万计的人未能在工作中获得激励、发展并走向人生巅峰的机会。

这也是一场经济潜力没能充分发挥的悲剧，因为一项项研究证实了员工敬业度是如何积极影响生产力，降低员工流失率，提高客户满意度与盈利水平，甚至减少工伤的。据估计，全世界不敬业问题造成的生产损失高达 7 万亿美元。[2] 大多数人都跟我在伊代纳遇到的百思买员工一样，他们上班只是打打卡，混混日子，也并未投入多少精力、创造力、脑力和情感。

这一点我有亲身体会。十几岁的时候，有一次，我找了份暑假工，在家乡法国的宝马经销商的汽车修理厂当助理机修工。我的修理技术实在有限，对这份工作，既无兴趣，也无过硬的技术。我只是想挣点钱。打工的日子漫长又无聊。我没那个能力——说实话，很可能是不愿意——在车间干点有意义的活儿。一天之中就只有倒垃圾能让我提起兴趣，因为那时我可以不用待在车间里，而且可以磨磨蹭蹭，不用立马就回去。那时的我逃避工作，懒散倦怠。

几周后，我被炒了鱿鱼——这为我的职业生涯开了个不好的头儿。

第二年暑假，情况并未好转。当时我需要买辆自行车。要买自行车，就需要钱。工作再次成为我赚钱的方式。虽然不想做，但是不得不做。我在一间离家不远的商店打工。为了达到最低工资标准，我整天都在给蔬菜罐头贴价签。我把罐头从盒子里拿出来，然后用标签枪打好价签，一罐挨一罐地摆在货架上。一罐一罐又一罐……四季豆、玉米、西红柿。我觉得时间都静止了。我跟在自助通道闲逛的顾客没有任何接触。我唯一接触的人就是我的同事，他们同我一样漫不经心地干着枯燥乏味的活儿。我们没有任何形式的培训，几乎见不到什么经理，更别说和他们说上话了。我工作时完全心不在焉，唯一的目的就是挣几百法郎，买辆自己心仪的自行车，然后尽快离开这个地方。

后来我走运了：我被一辆叉车撞了。当时有架喷气式战斗机正从我的头顶飞过，而我正在商店后侧搬箱子等专人把他们叠好。负责叠箱子的叉车司机在作业时分了心，把箱子直接压到了我身上，导致我尾椎骨受伤。这让我带薪休假直至暑假结束。最终我待在家里什么事情都没做，自行车就到手了。再见蔬菜罐头！我开心得不得了。

时至今日，我还记得当时卧床休养时，想到自己有朝一日也要做管理。我暗暗发誓，那日到来之时，我将会记起干这种活儿的感受。那是一种空虚感和脱离感。对公司漠不关心，也不在乎公司是否发展顺利。做的也都是一些毫无意义、令人厌烦的工作。

因为不够敬业，我会通过倒垃圾耗费时间，或者享受被叉车撞倒，因为这样就能够逃避工作。我暗暗告诉自己，等我做管理者时，将竭尽所能让那些工作在一线的人不会有这样的感觉。

如果有超过 80%，而不是不到 20% 的人，在工作时尽了最大努力，想想会是什么样子。敬业度排名靠前的业务单位比排名靠后的生产率要高 17%，利润要高 21%。[3]多项研究证实，员工越敬业、越快乐，公司的利润和股价就越高。[4, 5]

除了工作效率更高，客户、同事和供应商体验更好等积极影响外，报告还称，不敬业的人辞职的可能性比敬业的人要高 12 倍。[6]这在各行各业都应验了。[7]对工作充满热情的员工遭受工伤的可能性也会降低 25% 到 50%。[8]

如果敬业能够带来如此积极的影响，那为何不敬业的问题会在全球泛滥呢？这要从我们如何看待工作本身说起。

工作即负担？

传统上，工作被认为是一种苦差、一种诅咒，甚至是一种惩罚。工作充其量是达到目的的一种手段，因为工作是为了能够做其他事。赚了钱，才可以付账单，度假，然后退休。

在担任 EDS 法国分公司总裁时，我了解了这种想法的现实后果。当时我们公司负责 1998 年法国世界杯的技术系统，涉及从票务、标识到电视广播以及安保等具体内容。当时我们有一个 80 人的团队在做这个项目。团队的每个人都对工作充满热情，以确保数十亿名观众能在现场或者在电视机前欣赏世界杯赛事。因为这个项目很重要，所以在世界杯正式举办的前一年，我们在一场较小规模的足球比赛中对系统进行了测试，这场比赛也是在法国举办的。知道这是为下一年的世界杯赛事进行的预演，那一周系统工程师团队花了 51 个小时才把工作完成。但在法国，51 个小时已经超过每周工作时长的法定上限。虽然只是短短的一周，虽然是为了足球，但依旧违反了法律。这些法律照说是保护人们在更加工业化的时代免受过度工作之害，但在这个时代，这些法律依旧存在，因为工作被视作一种又苦又难的负担。作为公司总裁，我有责任，必须接受罚款。

　　"工作是一种诅咒"的观点可以追溯到古希腊时期，延续至工业革命时期，至今仍影响人们对工作的看法。这一观点或许源自宙斯惩罚西西弗斯的传说，宙斯让他无止境地重复把一块大石头推上陡峭的山坡，然后眼睁睁地看着它滚下来。古希腊人认为工作有辱人格，有碍专注于沉思和获取知识的理想生活。[9] 古罗马人也有类似观点。[10] 法语中的"工作"（travail）一词就源于拉丁语，意思是一种折磨人的工具。

　　基督教对工作的看法也不比他们好到哪儿去。亚当的诅咒是被逐出伊甸园，承受终身劳动之苦，因为他违背了上帝的命令，偷吃了善恶树上的智慧果。[11] 夏娃呢？她也受到了惩罚，承受生孩子分娩的痛苦。

工业革命带给我们一种新的工作方式，也是一种新式的苦难。工作没完没了，艰难棘手，让人叫苦不迭。想想煤矿工人轮班做着重活，吸煤尘，还冒着爆炸的危险，或者纺织工人被纺织机铰断手指。他们一天工作 14 到 16 个小时，每周工作 6 天，工资低，也没有休息时间，然后早早地就离开人世。尽管经济学家亚当·斯密将劳动力视为国家经济财富的最终来源，但他指出的工作对劳动者的意义（亚当·斯密似乎不太重视劳动妇女）却相当令人沮丧，在人们看来是"脑子坏掉了"才说得出来的话。[12] 简而言之，工作对集体有益，但对个人有害。

后来，有家钢铁公司的一个名叫弗雷德里克·泰勒的年轻工头，通过观察钢板的制造过程，发现了工人们是如何高效进行装甲钢生产的。虽然效率更高，但工业生产变成使人麻木的事，工人们沦为劳神费力的机器生产中不露面的那部分。

就像查理·卓别林主演的《摩登时代》中的工业生产场景，在这部电影中，他扮演的角色最初是在工厂流水线上作业，拧螺丝越拧越快，最后崩溃，被巨型机器的齿轮卷了进去。泰勒自己也意识到，反复做同样的事会让工人缺乏动力和休闲时间，他们因此会想方设法逃避工作。当然，卡尔·马克思认为，如果个人不能决定生产对象和生产方式，也就失去了人的天性。

在客观上，人们容易理解为什么工作不是件好事。[13] 人们普遍认为，工作的目的是撑起现实生活，日复一日，周而复始，这没什么意思。

更敬业的老员工

如今我们的经济环境和工作性质正在世界范围内经历一场彻底变革，即第四次工业革命，或是斯坦利·麦克里斯特尔将军所描述的"VUCA 世界"——动荡不安（Volatile）、不可预测（Unpredictable）、错综复杂（Complex）、模棱两可（Ambiguous）。[14]由于技术变化日新月异，社会规范不断发展，灵活、创新、协同和迅速这几大要素比标准化流程与长期规划更为可贵。

结果，工作性质发生了变化。随着常规工作越发自动化，对身体健康有害的体力劳动、卓别林式的机械重复工作和会碾轧人的叉车都在减少。就拿那年暑假我在商店的工作来说，这种工作正在被电子货架标签系统取代，如今只需在中央电脑上轻轻一点，标签就会自动更新。即使在制造业、农业和其他传统的体力劳动中，工作对体力的要求也越来越低。经济发展空间越来越倾向服务业和更具创造性的工作。现在，美国经济中三分之二的工作需要大专学历，而 1973 年这一比例仅为 28%，因为现在的工作中，领导力、沟通和分析是最重要的三大素质。[15]

然而，尽管工作性质演变迅速，但我们对工作的看法仍然根深蒂固，丝毫未变。人们经常认为，工作即使不是诅咒，也是不得已而为之的事。在某种程度上，工作日从事的工作会影响人们对工作的看法。在之后的工作中，我认为自己要比给蔬菜罐头贴价签时敬业得多。高层管理人员以及其他知识型专业人士称，他们在工作时要比流水线工人更敬业。然而，工作本身的性质并非像人们所期望的那样影响人们的敬业程度。因为只有不到四分之一的高管或副总裁级的管理者对自己的工作是完全投入的，这与其他工作并无太大区别。代际差异也微乎其微，千禧一代的敬业程度并不比婴儿潮一代的更高或更低。[16] 这需要全方位改进，而且我相信人们可以把自己投入各类工作，发光发热。

• • •

2019 年，我受邀在 G100 网络高管会议上发言。在活动中，有位参与者和我分享了在百思买购物是如何让他彻底失望的。他的遭遇跟我在 2012 年隐藏身份去购物的经历如出一辙。但后来他告诉我，最近去百思买店铺购物时自己有多震惊：他发现，一线销售人员是真心想要知道如何才能为他提供最全面的帮助、服务与体验。

他想知道我们是如何实现这一改变的。是公司更换了整支销售队伍？雇了善于服务顾客的新员工？还是设计出了更有效的激励体系？

我的回答很简单：三者都不是。没有一个员工被迫离开公司，我们也并未找到任何神奇的激励方式。除了正常的员工流动，都是之前的老员工。

为改变这个参与者和其他顾客的购物体验，我们所采取的举措就是让那些只在工作时间露面或者发自内心讨厌自己工作的员工释放其巨大潜力。其实我们所做的，是将多数不够敬业的员工变得更敬业，激励他们关心顾客。

我们是如何做到的呢？

后续章节将对此进一步解释。这一切的出发点，是我们每个人如何看待工作本身，以及从事这一工作的人。

本章思考

- 你是否觉得工作乏味且毫无激情可言？
- 你在什么时候开始有这种感觉？
- 这是什么原因导致的？

第二章

工作的驱动力

工作是实实在在的爱。

——纪伯伦,《论工作》

请想象这种场景: 三岁的乔丹最喜欢的玩具是圣诞节收到的霸王龙玩具。但不幸的事发生了,霸王龙的头掉了,这让乔丹伤心不已。他哭了,之后妈妈带他去了当地一家大型商场——乔丹不知道圣诞老人就是在那儿买到最初的霸王龙玩具的。乔丹的妈妈向两位销售人员说明了事情的来龙去脉。

不敬业的销售人员会把乔丹的妈妈带到货架前,让她重新挑一件可替代的玩具。最好的情况是,乔丹得到一个新的霸王龙玩具,但他还是得把心爱的旧玩具扔进垃圾堆。最后销售人员目送他们离开,觉得大功告成,就等着下班了。

这是销售人员通常的做法,但有没有其他的可能呢? 如果我们不将工作视作诅咒，而是从另一个截然不同的角度看待它，会出现怎样的结果呢？倘若我们做出不同的选择会大大影响我们工作的投入程度吗？

我们可以根据自己对工作的理解来选择如何对待工作：工作是我们之所以成为人的一项基本要素，是我们寻找个人意义的一把钥匙，也是我们从生活中找寻满足感的一种方式。就像诗人纪伯伦在一首赞美"工作"的诗中所说的那样，"工作是实实在在的爱"。

> 总是有人对你说，工作是祸殃，劳动是不幸。
>
> 但我说，你们工作是在编织世上最伟大的梦想，一个与生俱来的梦想。
>
> 只有工作，你才会真正地热爱生活。
>
> 在工作中爱上生活，才是通往生命最深处的秘密。[1]

纪伯伦的观点塑造了我对工作的观点。身为 CEO，引导百思买每个员工反思对待工作的态度也是我的职责所在。

寻找个人意义的钥匙

我并不是一开始就站在这个高度积极地对待工作。20 世纪 90 年代初，我开始转变对工作的看法，当时有两位朋友问我是否能同他们合作撰写哲学和神学著作方面的期刊论文。我对哲学和神学感兴趣，就答应了他们。

我开始查资料。为什么《圣经》要谈到工作呢？当时还没有互联网，所以我查阅了《圣经经文词语索引》，这本书清晰地列出了《新约》与《旧约》里谈论工作的所有章节。当然，我也读到——工作是对人们在天堂捣乱的惩罚，即亚当的诅咒。因为之前没有通读过《圣经》，当然也就没从这个角度思考过。最后，我被自己的发现震惊了。

那本书里对工作的大部分阐述与"工作是诅咒"的说法都大相径庭。所有故事都围绕着一个问题展开——我们为什么工作。在很大程度上，答案都与罪恶与忏悔无关。相反，这本书从更为积极的角度对工作进行了描述。我的研究得出了一项意料之外的结论：工作是我们之所以成为人的一项基本要素。

这一发现着实令人欣喜。同大多数人，至少同那些在欧洲长大的人一样，我深受根深蒂固的集体观念影响，即工作是一件坏事，是那些为了维持生计的不幸者不得不忍受的，而只有少数有能力的幸运者才能避免。我们很难摆脱这种历经数个世纪已经深入人心的传统观点。相反，我的研究正在揭开另一个视角，这是一种积极向上的工作态度，围绕的是我们作为人的本质。诚然，亚当和夏娃因为原罪受罚，然而工作本身并不是惩罚，痛苦才是惩罚。这种惩罚虽然令人不快，但并没有改变工作让我们成为人的这一本质。

这一点，我反复看了很多遍。据《创世记》记载，上帝花费6天时间，造出了天与地。之后，他让人类统治地球，包括地球上的动物和植物，希望人类能把地球变得繁荣兴盛起来。这就是为何当时亚当在天堂工作："养育它，呵护它。"[2] 重要的是，我在那本书中读到，工作的满足感源自为他人做好事——帮助他人是为公共利益做贡献。工作还被描述为承载着深刻的精神意义，并非只为满足我们的基本需求。

因为从小是天主教徒，我很早就接触了天主教会的"社会教义"。自 19 世纪下半叶起，教会开始阐述其对《新事物》（*Rerum Novarum*）的观点，这些"新事物"与经济发展有关。[3] 这些著作证实了工作决定人性的观点。罗马天主教教皇若望·保禄二世写道："人类的工作不仅源于人，而且从本质上来说也是由人完成的，人也是其终极目标。"[4]

在不断探索和旅行的过程中，我了解到这种积极的、精神的和人文的观点不只天主教和基督教有。例如，在蔑视生产性劳动和体力劳动长达几个世纪后，他们改变了对工作的看法，新教改革家将工作视作快乐和满足的源泉。马丁·路德和约翰·加尔文认为，所有的生产性工作——并不仅是付出精神或宗教上的努力——都应该被视为一种使命或召唤，一种服务于上帝和社会[5] 的方式，一种发挥天赋的方式。其他宗教派别也普遍认为，工作不仅有益于自身，也有益于他人。例如，伊斯兰教教义认为，工作是为他人服务，而不是为个人需求服务。[6] 同样，印度教也赞同工作即服务的观点。[7]

1985 年初我到美国工作时，就被新教热爱工作的传统打动了。我当时是麦肯锡公司的顾问，从巴黎调到公司在旧金山的办事处工作，在那里，我挖掘出了正向思维与正能量。从硅谷的企业家到斯坦福或伯克利的医学研究人员和学者，我所遇到的这些专业人士会热情地谈论自己的工作。他们没有因为挑战而哀叹，而是兴奋地找寻亟待解决的新问题，并将其视为机遇。工作不是用来忍受的，相反，工作是令人愉快的，它是一种展示智力和创造力的方式。它是追求幸福的工具。它正是美国梦的精髓所在。

随着时间的推移，我发现这种对工作的积极看法并不仅限于宗教。社会学家也将工作视为我们人性的重要组成部分。没有人与人之间的联系，我们大多数人都无法生存——这就是单独监禁被视作一种酷刑的原因。而工作是培养人际关系的一种方式。由于工作，我们成了社交网络的一部分，处理与同事、客户、供应商等的关系。失业是一件痛苦的事——比离婚更令人痛苦[8]——不仅仅是因为失业会让我们陷入经济和财务窘境，而且因为它会影响自我价值认同感，但关键是，失业"切断"了我们的社交网络。

人类心理学也对工作持积极态度。在我读过的最有影响力的书中，维克多·弗兰克尔的《活出生命的意义》是其中之一。弗兰克尔是奥地利犹太裔精神病学家，在第二次世界大战期间历经多个集中营后幸存了下来。他怀孕的妻子、父母和兄弟都没能活下来。他发现，想方设法从困境和苦难中找到人生意义的人存活的概率更大。为了让自己活下去，弗兰克尔唤起了对妻子的思念，并梦想在战后向人讲授在集中营学到的心理学知识。

他得出这样一个结论，人活着不是为了追求快乐或权力。相反，活着是为了追求人生的意义，寻找最终通往成就感与幸福感的道路。他认为，有三种途径可以找到人生的意义，那就是工作、爱与勇气。事实上，它们往往是一致的；在工作中做些有意义的事情往往需要关心他人，战胜逆境。

在我们找寻意义的过程中，工作的重要性不是抽象的。嘉信力旅运是一家为企业提供旅游管理服务的公司，我在这家企业担任领导职位时，亲身体验到了在工作中服务他人的普世理念。公司团队成员来自世界各地，包括历史上彼此发生过战争的国家（比如印度、中国、日本、俄罗斯、波兰、法国、德国），我见证了他们是如何进行出色合作，为埃森哲、阿尔卡特或通用电气等全球客户提供服务的。

每个时代的人都在对这个问题进行探索。当被问及，成年人极为重要或十分重要的事情是什么时，皮尤研究中心所调查的青少年中有95%选择了拥有一份自己喜欢的工作或职业，居于榜首，其余的包括帮助有需要的人、赚很多钱或生儿育女。[9]盖洛普有一项调查证实，找到工作的目标对千禧一代具有至关重要的意义。[10]

这种现象不只存在于年青一代中，我们这些年龄稍长一些的人也是如此。作家大卫·布鲁克斯认为，人生就像翻越两座山。在职业生涯早期，人们追逐职业和经济上的成功以及个人幸福——第一座山，一旦到达顶峰，就会觉得不满足。后来，他们开始第二次攀登——投身于家庭、职业、信念或信仰以及社区工作等来寻找人生的意义与目标。[11]

2004 年，我就感觉自己已经爬到"第一座山"的顶峰。当时我的工作一帆风顺。我在麦肯锡公司做顾问的几年做得很成功，后来成了麦肯锡的合伙人。在决定从顾问转做公司负责人之后，几家公司都在我的带领下扭亏为盈，包括 EDS 法国分公司和威望迪环球电子游戏部门。我曾是威望迪重组的高管之一。当时我 40 多岁，为自己的专业素养感到骄傲。但高处往往不胜寒，我一直追求的成功竟然无比空洞，我觉得失望而空虚。我的婚姻也举步维艰。我觉得自己需要后退一步，花些时间审视自己的灵魂，以找到更好的人生方向。

发现人生目标

机缘巧合之下，之前的一个客户邀请我带领一些高管人员进行天主教耶稣会创始人依纳爵·罗耀拉的属灵操练。我们将原来为期四周的强化过程分散安排在两年进行。在精神导师指导下进行的练习根植于沉思、自我检查和日常练习，从而启发众多宗教团体以及心理学家和教练进行练习。这些练习帮助我重新发现了人生的重点，而且随着时间的推移，我明确了人生使命：为周围的人带来积极改变，利用我所拥有的平台为世界带来积极改变。不断提炼人生目标并坚持下去是我至今每天都在做的事情。

实现这一旅程，发现人生目标的方式有很多种。我发现下面这些方法十分有效。在《真北》一书中，比尔·乔治强调了严峻的考验在明确人生目标中的重要性。[12] 执行教练霍顿斯·让蒂尔在她的《结盟》一书中，分享了她在应对客户时使用的一系列技巧，从为自己写悼词、重温童年梦想到明白给予你力量的是什么。[13]

作者安德烈斯·祖祖那伽提出了从四个方面找到人生目标的有用技巧：你喜欢的，你擅长的，世界需要的，别人会花钱请你做的事（见下图）。尽管不准确，但人们通常认为这代表了日语里"意义"的概念，但它讲的是在日常生活中寻找价值。

无论你使用何种工具，目标都不会变：找到给予你力量、驱动你，你真正渴望并经得起时间考验的东西。

下面是探索人生目标时的几个警示，即注意潜在陷阱。

陷阱一：我的目标会顿然变得清晰。追求意义是一项持续的

工作。我们盼望找到一份梦寐以求的工作以满足我们对目标的追求，从而过上幸福的生活。[14] 然而，这样的白马王子或白雪公主往往不会凭空出现。当开始探索自己的目标时，我已然 40 多岁。

陷阱二：实现目标必须做高尚的事情。如果真是这样，我们所有人都需要为慈善机构或医疗机构工作，才能找到人生的目的和意义。毫无疑问，这样做可以达到我们的目的。以 GreatCall 公司为例，该公司在 2018 年被百思买收购，其主要业务是通过家居传感器远程监测老年人的健康状况，为他们的居家生活提供帮助。这项服务在很大程度上依赖高技能的护理人员，他们可以在紧急情况下提供帮助。例如，如果传感器显示，冰箱打开不够频繁，或者住户没有起床，医护人员就会提供帮助。我们在对 GreatCall 进行企业调查时，发现其员工每年的离职率不到 2%，对此感到十分惊讶。大部分的呼叫中心，每年的人事变动一般都会超过 100%，回复顾客的投诉但又无能为力的工作让人日渐精疲力竭。GreatCall 是个惊人的例外，因为员工都知道，他们是在救人性命。

尽管如此，但找寻意义和目标并不限于救人性命的工作。所有工作都有意义，都能够实现目标。你可能会想，当你有一份舒适、高薪的白领工作时，这很容易。我觉得这种选择不管怎么看也都是真正存在的。有个故事我很喜欢，讲的是中世纪的两个石匠，他们做着几乎一模一样的工作，有人问他们在干什么。"你没看见吗？我在凿石头。"第一个石匠说。第二个石匠完全不这么认为："我在修建教堂。"我们必须选择自己的目标，然后思考工作与目标该如何联系起来，不管我们以何种方式谋生。就像第一个石匠一样，动物园管理员可能会认为他们的工作枯燥、无聊甚至肮脏——五分之四的动物园管理员都有大学学历，他们每天大部分时间都在清理粪便、擦地板和喂养动物。但很少有人辞职，因为大多数动物园管理员认为他们的工作就是照顾动物，并以此作为个人使命，[15] 他们因此变得更快乐。研究发现，绝大多数的动物园管理员都愿意牺牲报酬、空闲时间、晋升和舒适，但这种目标不应该成为加班加点、低报酬的托词。

即便是些许的意义也会让工作投入变得有意义。丹·艾瑞里是杜克大学心理学和行为经济学教授，他用乐高玩具做了一项实验。两组实验对象被要求用 3 美元的成本制作一个乐高玩具，再用 30 美分的成本制作另一个，然后用更低的成本再制作一个，以此不断进行下去。第一组实验对象做的每个乐高积木都被放在桌子下面。然而当第二组实验对象忙着建造下一个乐高生化战士时，他们的作品在眼皮子底下被实验人员损坏了。你能猜到发生了什么吗？第二组实验对象更早停止了制作玩具。[16]

陷阱三：我的目标要大，涵盖范围要广。说到"目标"可能会让人感到气馁和不知所措。你的目标应该多大、多宏伟、多有深度呢？虽然寻找意义和目标确实需要内省和自我意识，但这并不意味着要隐居到静修所或修道院，也不需要治疗癌症。"简单就好。"我的精神导师在我的修炼之旅中这样建议我。所以，我在试图做出积极的改变时，都是从周围的人开始的。只要得到一点帮助，无论身处何处，我们都能找到目标感。从给你能量和快乐的东西开始——简而言之，你的驱动力是什么？

将目标问题带入工作

在企业里，很少有人问"你的驱动力是什么"这个问题。但多问是很有用的，因为它可以帮助我们树立目标，目标反过来又决定我们如何工作。这就是为什么要鼓励百思买员工反思这一问题。"你的驱动力是什么"已成为百思买假日领导力会议的核心内容。该会议大约有 2000 名经理参加，启动假日购物季。我发现这些答案所包含的朴素和人文因素总是引人注目。经理们经常谈到的是朋友、家庭和同事。一个市场零售培训师说，是"能够和我最喜欢的雪莉奶奶一起欣赏世界的各个角落"。一个地区经理说，是"帮助员工和客户实现他们的希望和梦想"。一个高级人力资源经理说，是"教育、发展、成长和激励人们做他们从未想过的事情"。鼓励和激励百思买的每个员工反思驱动他们的是什么，这看似没什么，但这确实是改变我们工作方式的核心方法。

了解你自己的目标是一方面。对于领导者来说，知道是什么驱动他们周围的人也尤为重要——正如我们在后面的章节中要探讨到的，要了解这种驱动力如何与组织的目标相联系。为了发掘是什么推动了百思买高管团队的每一位成员，我在 2016 年组织了一场晚宴，地点安排在一个可以俯瞰明尼阿波利斯卡洪湖美景的房间。这是我们的季度例会活动之一。我们要求每位高管带上自己婴儿或孩童时期的照片，并讲述那张照片和自己成长相关的个人故事。

那天早些时候，我们讨论了对"全力以赴"的看法。全身心投入，我想，必须与我们目前的身份以及我们以后想成为哪种人联系在一起。所以，我想要了解是什么驱动我们高管团队的每一位成员，以及这种驱动力是如何适应他们现在和过往的生活的。这些驱动力从哪里来？他们在百思买工作为什么会感到精力十足？他们的个人目标是如何与他们的工作相联系的？我如果回答不了这些问题，就觉得自己没能力领导这个团队。

这项听起来很温馨的活动成为我在百思买拥有的最难忘和最鼓舞人心的回忆之一。当我们 10 位成员轮流谈论是什么给了我们能量，什么给了我们生活的意义时，我们觉得真的彼此联系在了一起。当听到他们每个人描述自己的动力时，我被感动了，例如，通过无条件的爱、无限的支持和不断协助成长来珍惜同事关系，通过帮助他们负责新的事务，承担更多的责任，从而让他们的成就超越自己的期望。

这次活动对我们很有启发，也很有用。它在帮助我们为百思买制定远大而有意义的目标时发挥了巨大作用，这个目标将推动我们在接下来的几年里持续取得成功，后面的章节将对此进一步阐述。

· · ·

前文讲到的乔丹和他坏掉的霸王龙玩具并不是虚构的场景。乔丹和他妈妈的经历是真实的，他们在 2019 年去过佛罗里达州的百思买门店。但这两名销售人员并没有直接把乔丹的妈妈带到货架前，也没有直接递给她一个新的盒装玩具。相反，他们化身为医生，立即把坏掉的霸王龙带到柜台后面进行"手术"，他们在那里一边小心翼翼地调换新霸王龙，一边向乔丹讲述拯救"霸王龙宝宝"的过程。讲述了几分钟的抢救过程后，他们把"痊愈"的霸王龙交给了乔丹，这时他眉开眼笑、兴奋不已。对百思买的两位销售人员来说，工作不是为了拿薪水，不是为了卖出新的玩具，而是让一个小男孩的脸上重新绽放笑容。

将这种人类的使命感应用在工作中，会改变我们的工作方式，从而增加我们对工作的投入程度。这就让工作变得轻松有趣了吗？不会的，因为每个人都有不开心的时候。每项工作都有各自的挑战。个人使命感本身并不是唯一能激励人们工作的东西，所以我在本书中用不止两个章节来谈这个内容。但是，如果我们能将每天所做的事情与为什么这样做的更大使命感联系起来，这将为我们注入能量和动力，明确方向。无论你是石匠、动物园管理员、百思买员工，还是 CEO，这都是一个好的开始。

本章思考

- 你的目标是什么？你的驱动力是什么？
- 你的工作和目标是如何联系起来的？你想修什么样的"城堡"？
- 你希望自己的悼词是什么样的？
- 你喜欢的、擅长的、世界需要的、别人会花钱请你做的事是什么？

第三章

追求完美的"行为怪癖"

完美并不存在。理解这一点是人类智慧的胜利;想拥有完美是最
危险的疯狂之举。

——阿尔弗雷德·德·缪塞,《世纪之子的忏悔》

塞缪尔神父说:"追求完美是一种罪恶!"

当时我和塞缪尔神父在我于嘉信力旅运巴黎的办公室。几个
月前,我请塞缪尔神父来帮助一小批高管从精神层面反思经济和
社会问题。那天在我的办公室,塞缪尔神父和我正在讨论下一场
会议的准备事项。我不记得当时讨论的细节了,但直至今日,我
仍清楚地记得他对"完美"的看法,这对我产生了深刻而久远的
影响。

"此话怎讲?"我问塞缪尔神父。

他的观点在精神层面很深刻。他讲述了上帝最爱的天使是如

何在有一天认为自己是周全而完美的，无可挑剔，这使得他最后变成恶魔。塞缪尔神父总结道："如果你从一开始不能接受自己存在不完美和弱点，存在需要他人帮助的事实，你就无法爱别人，也无法与他们发展关系。"

我十分震惊，因为这和我所学的东西完全相悖。我一生都被要求要变得优秀。母亲下决心培养在我身上发现的潜力，不断地期望我能做得更好，爬得更高，不断地给我灌输完美光荣的成功愿景。学校也教我要力求完美，成为最优秀和最聪明的学生。所有的老师将注意力都放在错误和缺陷上，试图用一支红笔就能将其彻底解决。他们教我要以完美的成绩为目标。高中的优异表现使我有了接受高等教育的机会。考试成绩决定了入学排名，这就要求你比别人更优秀才能够进入精英学校。这反过来又会影响就业机会。而在大公司，要想成功在很大程度上取决于人是否聪明而且不犯错误。一切奋斗都是为了完美。

令我惊讶的是，我发现塞缪尔神父的观点很有说服力。我们学习小组的其他 CEO 也这么认为。塞缪尔神父的话引起了我们的共鸣，因为我们都在不同程度上把工作当作追求完美的过程。一直以来，我们（包括我在内）都分不清绩效和完美。追求卓越的绩效是好事，但期待人的完美则不然。从那以后，每次我邀请塞缪尔神父给领导者们讲话，这个观点他们记得最清楚。

我的前高管教练马歇尔·古德史密斯曾说，在 20 个阻碍成功的领导者精益求精的"行为怪癖"中，最可怕的是追求完美。想想那些需要向人们展示自己是团队中最聪明的人、在任何情况下都想赢、在需要解决问题时全面介入等习惯。[1] 事实上，当马歇尔的客户聚在一起时，我们经常讨论，在与他合作前，各自都受到了多么严重的影响。"这算不了什么，我比你糟糕多了！"我们仍然在努力成为最糟糕的完美主义者。

虽然我欣然接受塞缪尔神父的观点，认为这个观点令人耳目一新，但还是花了很多年才把他的这一智慧付诸实践。如果工作是人的定义元素以及追求意义的答案，那在工作中追求完美怎么会是错的呢？撇开宗教上所说的"邪恶"不谈，随着时间的推移，我明白了为什么把工作看作对完美的追求，即使我们是在追求目标，也会适得其反。

伙伴反馈的价值

在我职业生涯的大部分时间里，我都不理会别人的反馈，尤其是那些暗示我还有事情要做的反馈。相反，我会把精力花在找出谁说了什么，并指出他们的问题所在。

我在麦肯锡工作时第一次从团队那里得到反馈。从多方面看，我都是一个成功的顾问，我30岁就成了麦肯锡的合伙人，比大多数合伙人年轻。一路都很顺利，我认为自己做得很好。然后，我的团队对我进行评估，着眼于我在哪些方面的表现高于或低于平均水平。我当然不想让任何一项评估结果低于平均水平，但结果却恰恰相反。得知结果，我崩溃了。怎么可能出现负面的"发展需要"呢？我不知道该怎么处理这种反馈，于是将其搁置不管。

显然，这对我没有任何帮助。在我出色地帮助威望迪环球完成了重组工作，到 2004 年我担任嘉信力旅运 CEO 时，我仍然纠结反馈的问题。在我看来，一切又变得顺利起来。我们将公司规模扩大三倍，盈利能力提高五倍，新客户也越来越多。商务旅游行业正在发生颠覆性转变，从一个由航空代理商组成的家庭作业式行业，转变为一个以科技为主导的更为复杂的行业，公司成了我们的主要客户。我做了几年管理顾问，后来又在 EDS 任职，我自认为对嘉信力旅运所需要的一切都了如指掌。我懂 B2B（商对商），懂信息技术服务，懂人力资源以及如何管理绩效，因此，我的确可以让嘉信力旅运变得更好。

问题也在这里。我自认为找到了所有的答案，所以我总认为别人是阻碍而不是有价值的伙伴，因为我关注的是他们的缺点。我相信自己能比他们做得更好。当团队与我分享建议或商业计划时，我会告诉他们如何改进。我后来了解到，马歇尔·古德史密斯将这种做法称为"增加过多价值"。但我自己都没意识到这点，却在不断地告诉团队应该如何行动。多年来我一直在试图为他们解决问题，但回想起来，这种做法深深地打击了他们的士气。

当时，我并不认为自己存在问题。不过还是有些迹象：在公司的一次聚会上，一向幽默的嘉信力旅运的人力资源主管制作了一份公司组织结构图，每个方框里都是我的名字。虽然我们笑得很开心，但其实我很生气。随后的一项员工调查更直接地反映了问题——向我直接汇报的员工对工作也并不十分投入。这刺痛了我，尤其是在整体上公司员工参与度相当高的情况下。

我被心理学家所说的认知失调困扰：我自认为已做得很好，但数据显示我可以做得更好。认知失调让人不舒服，通常的表现是变得异常专注于协调两种矛盾的认知。当时，我告诉自己我自身没问题。如果我自己没问题，那问题一定在他们身上。为什么他们没看到我有多出色，我给他们提供了多大的帮助呢？这令我百思不得其解。

当我还在嘉信力旅运工作时，我就和塞缪尔神父讨论了关于完美的问题。我明白他的观点，而且也完全同意，但是根深蒂固的习惯很难改变。

我叫休伯特，是个完美主义者，我需要帮助。

坦然面对缺陷

几年后，我成为卡尔森集团 CEO，集团旗下有嘉信力旅运、丽笙酒店和星期五餐厅等品牌。人力资源主管伊丽莎白·巴斯托尼问我是否需要一位高管教练。你们知道我不想请一位教练指导自己。打网球、滑雪的时候请教练指导没问题，但工作上找人指导是另一回事。事实上，如果当时有人告诉我，有别的高管在请人培训，我会想："那位高管怎么了？是碰到什么问题了吗？"

我认为，高管培训在当时是一种补救措施。那我为什么要请教练呢？伊丽莎白说马歇尔·古德史密斯可以帮助成功的领导者变得更好。他的客户名单让人印象深刻。突然间，就好像是有人跟我说："我见你爱打网球，而且你打得也很棒，你还想提高网球水平吗？"

我当然想变得更优秀，所以我开始与马歇尔合作。我学会将反馈视为"前馈"，选择自己想要解决的问题。"前馈"与"反馈"有着微妙而重要的区别：前馈并不专注于解决问题，而是将注意力放在自己想要继续提升的方面。这样我学会了感谢别人提出的反馈，我会告诉他们自己正在做的事，询问他们的建议。我学会和他们联系，听取他们的看法，寻求他们更多的建议。我学会接受那些我曾置之不理的反馈。

看好友治疗抑郁症的经历，我后来意识到心理学家也赞同塞缪尔神父对完美、脆弱、爱和人际关系的看法。事实证明，完美主义毫无益处。大量研究表明，完美主义与抑郁症、焦虑、饮食失调，甚至自杀有关。[2]

多年来，我一直期待别人要完美到极致，却没看到自己的缺陷。这严重影响了我的人际关系，从而影响与人合作、有效的团队协作和领导力。比起那些表现出超凡力量和完美的领导，员工更容易被有缺点的领导激励，我们彼此因为不完美而联系了起来。布琳·布朗将自己定义为"研究员、说书人、得克萨斯人"，她花了20年时间研究脆弱、勇气、羞耻和同理心。她明确将联系列为不完美赋予我们的礼物之一，另外还有勇气和同情心。[3]她发现，阻碍我们建立联系的，是羞耻或恐惧，一旦被人看穿，就会使我们变得不值得与人建立联系。此外，那些能感受到强烈的爱、联系和归属感的人，是那些有勇气承认不完美、勇于接受缺陷的人。[4]所有的这些让我明白，人和人之间最真诚的感情连接，都源于我们脆弱的一面，而这种脆弱源于我们都有不完美的一面。

我还从其他商业领导者那里了解到，追求完美会阻碍而不会推动伟大的工作。福特前CEO艾伦·穆拉利慷慨地分享了在公司转型初期，他是如何鼓励同事们公开承认他们在何时何地遇到问题的。

2006年，艾伦当CEO时，福特公司的预亏损是170亿美元。最后，的确亏损了。正如艾伦所言，福特公司的问题不是预测问题，而是绩效问题，部分原因在于公司文化。在这种文化中，承认问题被视为软弱的表现。艾伦采用了一种"交通灯"色彩体系来反映关键绩效领域，并在每周四的业务计划回顾会议上进行讨论。领导团队的所有成员都必须用不同的颜色将每周的情况报告和团队的目标区分开：绿色表示一切正常；琥珀色表示当时表现糟糕，但团队有回到正轨的计划；红色表示绩效不佳，而且团队还没有回到正轨的计划。

艾伦告诉我们，在最初的几个星期里，所有的都显示绿色，一切正常。公司当时面临巨大的损失，但从图表上看，一切都在按计划进行。"你知道，我们正面临数十亿美元的损失，"艾伦指出，"难道就没什么地方有问题吗？"后来接替艾伦担任 CEO 的马克·菲尔兹率先承认公司存在问题。他当时负责福特在美洲的运营，在加拿大发布备受期待的福特锐界时遇到一个问题——测试结果显示，悬挂系统中的噪声没有解决，于是他决定暂停发布。在接下来的每周例会上，他将锐界发布一事标为红色，并说明他们还没有找到解决问题的方法。

艾伦说，大家都低着头，会议室的空气如同凝固了一般。艾伦突然拍起手掌。"谁能帮马克解决这个问题？"艾伦问道。突然有人举手，说他可以马上派质量专家过去。还有人要求供应商去检查零部件。艾伦自己是工程师，但他没有盲目插手，而是依靠团队合作，于是福特锐界的问题很快就得到了解决。

又开了几次周会，图表上出现了更多的红色和琥珀色。但到那时候，团队中的每个人都相信，他们可以公开承认问题，并帮助彼此将红色变成琥珀色，然后变成绿色。

艾伦·穆拉利的故事说明了追求完美的另一个问题——没有人能知道所有答案。在健康的工作环境中，没有人会害怕说他们不知道的事情。然而，话虽这么说，许多人依然认为说出"我不知道"会被视为软弱。我记得十几岁的时候，父母的一位商人朋友问了我一个问题。我不记得那个问题具体是什么了，但我还记得我对他说："我也不知道。"

他看着我，然后说："年轻人，我希望你在生意场上永远不要说这句话，因为这就是承认你有弱点，绝不能这样做。这会限制你的发展潜力。"

我与完美主义较过劲，但即使在那个时候，这对我也并无意义。假如我不知道，那就说不知道好了。这有什么问题吗？我可以随时学习，然后找到答案。说我数学不好，或者说我不是个视觉思考者，这并不是在给自己设限。我没有说我学不会。我只是说以前自己不知道。如果有人问你上个月的市场份额数据，或者《多德–弗兰克法案》第 1502 条的内容是什么，你说"我不知道，我得查查"就没问题。

艾伦·穆拉利战胜完美主义后，问题才能得到承认和解决。亚马逊创始人杰夫·贝佐斯指出，完美主义会让我们害怕失败，从而阻碍创新。"我相信我们是世界上最可能倒闭的公司，"他在致股东的一封信中写道，"失败与发明是对连体双胞胎。要想发明，你就得做实验。如果你事先知道它会成功，那就不是实验。大多数大公司都支持发明，但不愿意承受发明过程必然经历的失败实验。"[5]

了解不完美的好处深刻地改变了我在百思买的工作方式，如果没有我工作方式上的转变，可能就不会有百思买后来的转型之路。我们将在本书后面讲述，一旦百思买成功摆脱困境，开始实施发展战略，我们是如何努力将一种集体心态从完美实现目标转变为斯坦福大学心理学教授卡罗尔·德韦克所定义的"发展型心态"，即天赋和能力可以通过努力和学习得到发展的。错误和失败是学习的必要条件，但它们与完美主义格格不入，完美主义与"固定心态"有关，即认为能力是天生的和固定的。德韦克指出，想表现得完美无缺通常被称为"CEO病"，这使很多领导者十分痛苦。[6] 不幸的是，通过展现毫不费力的完美来建立优越感意味着几乎没有动力接受任何挑战，因此也没有动力学习，因为害怕失败。

　　如此多的商业活动受追求"最好"或"第一"的驱动，这是德韦克所说的"固定心态"的症状。包括百思买在内，许多公司都有一套记分和排名系统，用以衡量和奖励绩效。排名无处不在。百思买这个名字本身就包含"做到最好"的意思。[7] 根据心理学家的说法，这是一种疾病——不断追求完美往往适得其反。做到最好这一理念意味着世界是一场零和博弈。十佳人物或前十强公司就十个名额，只有把其他人干掉，你才能成为第一名。成为第一名之后呢？除了下跌，没有别的地方可去。当然，竞争得有，而且很重要。但与自己竞争，或者争取明天比昨天做得更好，比起执着地同别人攀比，会让我们走得更远。

当我们接受缺陷，从失败中吸取教训，努力成为最好的自己而不是去力压群雄时，我们在工作和领导中才会达到最佳状态。正是因为诸如此类的不完美，我们才能够与他人建立真正密切的联系。

请团队跟踪进展

我刚到百思买不久，就把马歇尔介绍给了我的管理团队。我会继续努力放弃完美主义。我公开列出了我想在哪些方面做得更好，并请团队帮助跟踪我的进展。

我还有一个方面需要改善：改掉爱多管闲事的毛病。这在2016年表现得很明显，当时高管团队与领导力教练埃里克·普利纳合作，以求提高团队的运营效率。我们在讨论阻碍我们前进的因素时，有人说我们的战略不够明确，而且反复提到这一点。

我自认为已经有了明确的发展战略——"打造新蓝"。每个成员都为此付出了努力，董事会也批准了。所以我当时很惊讶，甚至有一点生气。我认为这是冲着我个人来的。毕竟作为CEO，我有责任确保团队有明确的战略，并确保每个人都参与进来。

然而，有人告诉我，在提出2012年转型计划时，之前提出的"蓝色复兴"比"打造新蓝"战略要明晰得多。但在我看来，"蓝色复兴"不算真正的战略，只是用于生存和恢复的权宜之计。

但我的同事们认为，这个战略很全面，因为他们接到的指示简单明了——改变或者倒闭。他们说目前的战略不够明晰。

"交给我吧。"我说。

团队的回应极其迅速:"不行!"

他们明白,问题在于,战略对他们而言不够明晰。解决办法不是让我参与进来让它变得更加明晰,而是要创造一种环境,让团队和公司的每个成员都能参与其中,以保证他们能理解,甚至包括理解其对具体工作的意义。我不需要亲自解决每一个问题,做过多的决定,但我就是忍不住想解决所有问题。

我们与埃里克·普利纳的工作包括明确谁负责做哪方面的决定。我们采用了流行的"RASCI"模型,分别是责任(Responsible)、负责(Accountable)、支持(Supporting)、咨询(Consulted)和告知(Informed)——我们将在第三部分中更详细地讲解。

这对我来说是一个突破——这是豁然开朗的时刻。我刚担任 CEO 的时候,公司正在走下坡路,匆忙之下我做了很多决定。现在一切都进展顺利,我们有一个非常优秀的团队,成员之间彼此尊重和信任。决定也不总是要由我来做。我花了许多年才做到这一点,我已准备好放弃所有追求完美的倾向。这对我和公司来说都是一种解脱。这需要两位教练的帮助、大量的阅读与倾听,以及多年的实践,但我最终将塞缪尔神父对完美的论述付诸实践。

$\cdots$

对工作的看法和工作的投入程度是一个实现个人转变的旅程，目的是不再将工作视为诅咒、苦差事，也不再追求完美，而将其视为实现个人目标的途径。这要从一线员工到 CEO 的每个公司成员做起。

只有这样，我们才能实现商业转型，释放人类的集体魔力。

本章思考

- 你的怪癖是什么？你是怎样发现这些怪癖的？

- 你是如何获得反馈的？

- 你是如何决定去做一件你想做得更好的事情的？

- 你有没有告诉你的团队你想做什么？

- 你得到了哪些帮助？

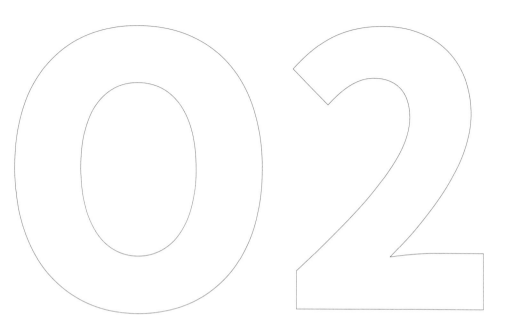

第二部分
公司是有使命的人类组织

如第一部分所述，重塑商业始于将工作视为我们追求意义和成就感的途径。在第二部分中，我们将研究为什么认为企业的主要目的是股东价值最大化的传统观点是错误的、危险的，不适合今天的环境。与米尔顿·弗里德曼提出的观点相反，公司的目的不是赚钱，而是为公共利益做贡献，服务所有的利益相关者。公司并不是没有灵魂的实体，而是以人为中心的人类组织，为实现这一目标而共同努力。这种新型的商业理念不仅仅适用于企业一帆风顺时，在企业充满挑战时尤应如此。事实上，正是这种理念帮助百思买成功转型和复苏。

第四章

股东利益下的残暴

财富显然不是我们追求的东西，因为财富仅在为了别的目的时才有用。

——亚里士多德，《尼各马可伦理学》

2019 年 12 月，我和孩子们聚在一起过节，每年都是如此。这一年，那 10 年（2010—2019）即将过去。我的儿子和女儿都已经 30 多岁了，他们开始组建自己的家庭；就在几个月前，我满 60 岁，辞去了百思买 CEO 一职。这是值得我们大家深思的时刻。

这一年世界发生了很多事情，我们倍感沉重——灾难性的森林大火正在澳大利亚的新南威尔士州和维多利亚州肆虐。就在几个月前，巴西的亚马孙雨林和美国加利福尼亚州也发生了大火。社会大火也在熊熊燃烧。在对燃料价格上涨进行了为期数月的抗议之后，法国又因为政府提议对养老金进行改革而陷入罢工。黎巴嫩、智利、厄瓜多尔、玻利维亚等国也爆发了大规模抗议活动。经济动荡与越发严重的普遍的不平等现象助长了全球范围内的民粹主义浪潮，而在气候变化问题上采取更多行动的呼声也激发了世界各地的抗议浪潮，如由年青一代领导的抗议浪潮，他们在瑞典青年活动人士格蕾塔·桑伯格的支持下集会。

在用餐时，孩子们谈论过度消费和浪费是如何导致全球变暖的。他们指出，自己这代的青年专业人士开始转向初创企业，寻找工作上的灵感和成就感，因为他们对大型传统雇主不再抱有幻想。他俩都认为，政府和企业在应对气候危机问题上做得还不够，似乎缺乏他们强烈感受到的紧迫感。在未来的几十年里，他们和他们的孩子会生活在一个什么样的世界？

有一件事对我们来说很清楚，那就是我们的资本主义制度和商业运作方式似乎不再是可持续的。

不只是我的孩子们认为我们的经济体系已陷入僵局。多项调查表明，社会不平等现象和环境危机让人们对资本主义感到幻灭，尤其在年青一代中。[1] 当然，资本主义带来了前所未有的经济发展，推动了非凡卓越的创新，使数十亿人摆脱了贫困。但不可否认，我们正面临一场危机。[2] 事实上，在 2020 年 1 月，直言不讳的赛富时 CEO 马克·贝尼奥夫在达沃斯世界经济论坛年度会议上宣称"我们所知道的资本主义已经死了"，达沃斯世界经济论坛主要集中讨论如何应对气候变化和不平等问题。

我们需要重新思考我们的经济制度是如何运作的。

1978 年，我在商学院学到的第一件事就是，商业的目标是实现股东价值最大化，我当时信以为真。那时，我所接受的培训主要是掌握优化利润的方法，没有时间思考商业应在社会中扮演的角色。高中和大学早期学过的历史、哲学和伦理学都从课程表中消失了，我直接进入复式记账法和财务分析领域。我清楚记得当时我们玩了一个策略游戏，游戏的胜负完全取决于谁赚取了最多的利润。我把这种精神带到 20 世纪 90 年代初，当时我调到了麦肯锡位于纽约的办公室。虽然这 10 年来金融过度、银行业丑闻不断，但这一观点仍然成立。作为战略顾问，我们的目标是为客户实现股东价值最大化。

这种信念在很大程度上要归功于 20 世纪最有影响力的经济学家之一米尔顿·弗里德曼。在 1970 年 9 月《纽约时报》发表的一篇文章中，他认为企业只有一项"社会"责任，那就是为股东实现利润最大化；那些认为企业不应只关注利润，还应促进如提供就业或规避污染等社会价值的人，是在鼓吹纯粹的社会主义。[3] 米尔顿·弗里德曼的观点有一个显著的优势：简单易懂。只要取悦一类支持者——股东，也只有一项重要的业绩指标——利润。

几十年来，弗里德曼的学说一直被奉为商界圭臬。1997 年，包括美国最大以及最有影响力公司的 CEO 在内的商业圆桌会议发表了一项声明："商业圆桌会议强调，企业的主要目标是为其所有者创造经济回报。"[4]

当我还是一名顾问时，我的观点就开始改变了，而我随后掌舵几家公司的经历，只证实了我后来在麦肯锡感受到的东西。我现在认为，股东至上是我和孩子们在餐桌上谈论的那些问题的根源。虽然赚钱当然至关重要，也是良好管理的自然结果（见第五章），但将获取利润视为商业的唯一目的是错误的，原因有以下四点：（1）利润不是衡量经济表现的好指标；（2）只关注利润很危险；（3）只关注利润会引起顾客和员工的反感；（4）利润对灵魂无益。

利润不是衡量经济表现的好指标

利润并没有考虑到企业会对社会的其他方面产生的影响。废弃物或碳足迹对环境的全部成本不会体现在财务报表上，即使它是非常真实的，也会让我们付出沉重的代价。例如，使用一次性塑料瓶的食品和饮料公司不需要承担海洋被塑料垃圾污染的成本；以煤炭为主要燃料来源的企业利润并不反映它们对人类健康和环境造成的伤害。

即使在公司内部，利润也可能只是一个误导性的经济表现指标。2003年4月，我成为威望迪环球副首席财务官，负责监督公司的财务报告和计划，那时我才了解到原来会计准则是那样随意。

当时公司十分混乱。在进行了一系列收购之后，集团面临流动性危机，导致 CEO 让-马利·梅西耶在大约 9 个月前离职。与此同时，集团的审计机构安达信在安然公司丑闻后倒闭。威望迪环球已决定在美国和欧洲发行高收益债券，延长现有债务的期限，这样它就可以在不面临现金压力的情况下出售部分资产。为了能够推销高收益债券，我们不得不结算账目。

当我与公司的新审计师一起分析我们的财务报告时，我对财务报告显示的收益与经济现实的不一致感到惊讶。例如，根据会计准则，母公司可以将其旗下业务营业收入的 100% 算到母公司的营业收入中，即便它只拥有这些业务的一小部分股权。另外，它不控制的业务收入根本不包括在内，即使母公司拥有这些业务的大部分股权。威望迪环球一直在整合其持有少数股权的盈利业务，即移动运营商 SFR（44%）和摩洛哥电信（35%）。同时，它并没有整合那些不盈利业务，如波兰电信公司 PTC 和互联网平台 Vizzavi，尽管威望迪环球分别拥有这两家公司大约 50% 的股份。这既合法，也符合会计准则，但它夸大了威望迪环球的营业收入，使利润脱离了实际业务的健康状况。

此外，很难将一家运行健康的公司的其他方面计算在内，比如积极而有技能的员工，这是一家公司最重要的资产。敬业的员工是百思买成功实现转型的推动力，也是百思买今天持续成功的首要原因。然而，他们无法在资产负债表上体现出来。因此，就像沃尔玛 CEO 道格·麦克米伦在 2016 年决定的那样，以及我们在百思买推行的那样，对人进行投资或许会在短期内抑制利润，而对房地产或工厂等有形资产的投资将在数年内摊销。

只关注利润很危险

利润就像病人的体温一样，是其他潜在疾病表现出来的症状，但它并不是疾病本身。只关注症状很危险。想想一个医生，如果他仅仅因为把病人的体温保持在健康的范围内而得到赞赏，当病人发烧时，温度计可能会被放在冰箱里。

这是一个很容易操纵的游戏，不仅仅是通过会计手段。我可以通过减少对直接有利于客户的员工和其他资产的投资来实现利润最大化。这种方法的确有效，但只能够维持很短的时间。支出下降，业绩在一段时间内看起来不错，企业的长期健康状况却受到影响。这正是 2009—2012 年百思买发生的情况，当时公司削减了门店支出，在电子商务上投资过少。同时，它提高了商品价格。在一段时间内，这维持了公司的利润，直到客户厌倦了与公司网站的斗争，厌倦了我去买翻盖手机时遇到的满是灰尘的门店和糟糕的客户服务。在破产的路上，西尔斯等零售商更注重短期利润，而不是投资人才和更好地服务客户。正如下面的章节所述，百思买的案例说明了对人才和客户的关注是可持续成功的基础。

一味追求"实现利润额"也扼杀了创新。斯坦福大学的一项研究发现，科技公司的创新在首次公开募股之后放缓了40%，因为一旦感受到市场压力，管理层就会变得更加谨慎。[5]

如果试图保持一定的利润额，你也有可能会在经济低迷时期失去进取的机会。在2008年的经济大衰退期间，我在卡尔森工作，当时酒店行业遭到了严重冲击。我看到，这个行业的领导者万豪和喜达屋集团等是如何继续投资的，即使从短期来看，这会损害它们的利润。

当然，财务表现确实很重要。利润创造空间和时间。没有达到市场预期的上市公司可能会迅速贬值。例如，2014年1月，由于假日销售数据令人失望，百思买的股价从39美元跌至25美元。我不得不提醒自己，在过去的一年里，股价从11美元涨到42美元。市场反应迅速，短期内往往反应过度。从更长远的角度来看，一个始终未能实现财务业绩的CEO会被迫离职，一家不盈利的公司注定要失败。虽然这些压力不能被忽视，但压力不能成为短视的理由。

压力当然不能为不法行为辩护。过去20年里，安然公司的纸牌屋、大众的"柴油门"和富国银行的丑闻等一系列公司丑闻都是过分关注利润的直接后果。2008年的经济衰退是大规模不良行为的结果，表明了这种只追求利润的经营方式是危险的。

只关注利润会引起顾客和员工的反感

消费者很聪明，要求也高。像我的孩子一样，消费者对公司抱有很高的期望。他们希望与他们尊重和信任的公司做生意，这些公司有能力、有道德并积极改善他们的社会。[6] 消费者将越来越多地远离那些不符合这些标准的公司。我的孩子们在晚餐时间提出了一个观点，他们购买的产品会"被迫过时"，可见科技公司停止改进旧产品的速度有多快。一些服装零售商经常推出新产品，这种现象被称为"快时尚"。他们认为这些策略仅仅是一种盈利策略，对用户或地球有没有好处与他们无关。

从食品到时尚，多个行业都感受到了改善气候的压力。对全球变暖的担忧正在影响人们的行为和消费。在新冠疫情毁掉航空旅行之前，五分之一的人表示，出于对环境的担忧，他们减少了飞行。[7] 一场"飞行羞耻"运动正在瑞典向外蔓延。这些趋势不容忽视。

员工也在催促雇主改变社会和环境。例如，2019 年 9 月，亚马逊员工挺身而出向雇主施压，要求亚马逊在减少碳足迹上做出更大的动作，停止为油气行业提供服务，不再支持否认气候变化的政客。

即使是那些认为公司的唯一目的就是赚钱而从中受益最多的股东，也不再局限于短期利润，越来越多的人认为做一个好公民最终会对企业有利。全球最大的资产管理公司黑石已将可持续性作为其投资的新标准。黑石的创始人拉里·芬克在其 2020 年致 CEO 的年度信函中解释称，气候变化尤其会带来投资风险。他写道："气候变化已经成为公司发展前景的决定性因素……我们的投资信念是，可持续性和气候一体化的投资组合可以为投资者提供更高的风险调整资本回报率。"[8] 世界经济论坛在其《2020 年全球风险报告》中调查了商业领袖、非政府组织和学者，将未能减缓和适应气候变化列为未来 10 年世界面临的最大威胁。[9]

股东的预期正在发生变化，因为投资者本身并不是没有灵魂的实体，无法对这些视而不见，只看下一季度的业绩。股东不是人就是由人组成的组织，无论是机构投资者，还是共同基金——他们负责管理其他人的财务和养老金，无论怎样，他们都是个体。因此，他们各不相同，往往有不同的投资目标和回报预期。他们也是人类，同其他所有人一样，拥有同一个星球和同样的人类愿望以及对未来的关切。他们甚至也是消费者和员工。[10]

投资者放弃股东价值至上原则的努力，不只是说说而已。涉及环境、社会和治理标准的投资与资产管理从 2016 年的 22.8 万亿美元增至 2018 年初的 30.7 万亿美元。[11] 此外，气候因素越来越多地被纳入财务报告，影响投资决策。[12] 气候问题没有消失，客户、员工，甚至股东都在重新设定期望。

利润对灵魂无益

1999 年初，当我还是 EDS 法国分公司总裁时，我在位于得克萨斯州的集团总部参加了新任 CEO 的领导力会议。新任 CEO 介绍了公司的战略。这次演讲让我更加坚信，弗里德曼的学说是错误的。这位 CEO 的全部策略都集中在利润上。我觉得这种演讲平淡无奇。当他向我征求意见时，我的回答是财务业绩不应是我们唯一的关注点。在接下来的几个月里，新任 CEO 的做法加剧了我的疏离感，这促使我离开 EDS。

2012 年我加入百思买时，如果我告诉公司里的每个人，我们的目标是将每股收益翻一番，达到 5 美元，你认为会发生什么？股票收益翻番并不算多，并且有充足的理由做到。当我们问百思买员工是什么驱动他们时，没有人会说"股东价值"。这不是人们早起工作的原因。我们如果希望员工更多地投入，就必须承认，他们的灵魂并没有被股票价格包裹。记住，工作不一定是一件苦差事，工作并非诅咒，而是对意义的追求。利润最大化并不能解决这个问题，因此也不能解决我们在第一章中讨论过的工作不投入问题。这并不是驱使人们竭尽全力拯救像百思买这样的公司的原因。

我并不是在建议我们应该忽视利润。当然，企业必须赚钱，否则就无法生存。在某些情况下，专注于利润是一件好事。例如，当一家企业正在亏损并面临倒闭风险时，必须优先考虑"止血"。

此外，了解企业如何以及为何赚钱也是有益的。

但更为正确的做法是摒弃对利润的执着。虽然利润至关重要，但利润只是结果，不是目的。

那么，你可能会问，如果公司的目标不是利润，那公司的目标是什么？对这个问题的回答在于我们如何开始重塑资本主义，从内部改造商业，并帮助塑造我们共同的未来。这样做，我们就可以开始回应我的孩子——可能还有你们的孩子，以及餐桌旁数百万其他人的愿望和关切。

于我来说，对这个问题的回答始于 1993 年，当时我坐在另一张餐桌旁，与人们进行了一次商业讨论，这让我开始了解商业的真正核心。

本章思考

- 你是否认为公司的唯一目标是利润最大化，主要责任是对股东负责？如果是，为什么？如果不是，为什么？
- 你认为你的公司的客户、员工和股东的期望已经改变了吗？如果变了，公司有没有随之改变呢？

第五章

技术丰富美好生活

不，陛下，这不是叛乱，这是革命。

——法国社会改革家弗朗索瓦·德·拉罗什富科在 1789 年攻占巴士底狱后的那天早晨对路易十六如是说道

"公司的目的不是赚钱！"霍尼韦尔-布尔公司新任命的 CEO 让-马利·狄卡彭特里惊呼道。那是 1993 年，我在巴黎的麦肯锡工作。我和我的同事邀请让-马利共进晚餐，探讨该如何帮助他胜任新角色。我以销售的心态，满怀期待地用整晚的时间了解他工作的优先项，并向他推销。

相反，让-马利决定向我们简要介绍他最近参加的一次法国 CEO 聚会讨论的内容。他以自己特有的充满活力和激情的方式，分享了对商业以及如何经营的看法。

公司的目的难道不是赚钱？

我握叉子的手停在了半空。这与我在商学院以及作为管理顾问的早期职业生涯所学到的一切相悖。他的话完全违背了主流商业的基本假设。股东的利益怎么办？米尔顿·弗里德曼的原则还有用吗？

让-马利一边吃着牛排，喝着葡萄酒，一边向我们这些满屋子持怀疑态度的顾问阐明他的理念。他并不是建议我们烧掉现金流量表。他说赚钱是一项至关重要的事，也是一种结果，但不是企业的终极目标。

这让我印象深刻。目前为止，在我的职业生涯中，我并不觉得股东价值最大化的想法特别鼓舞人心，但事情就是这样。这表明可能还有另一种更鼓舞人心的方式。我听得很仔细。让-马利解释说，公司实际上需要具备三个必要条件：人员、业务和利润。

这三个必要条件是相互关联的。卓越的第一必要条件，即员工的发展和成就，会导致良好的第二必要条件，即忠诚的顾客一次又一次地购买你公司的产品和服务，于是自然就会出现优异的第三必要条件，那就是赚钱。三者的因果关系如下：

人员——➤业务——➤利润

这样利润成了前两个必要条件的结果。让-马利说，这三个条件之间并不存在真正的权衡，最好的公司在这三个方面都有卓越的表现。

然而，他接着说，条件和结果不应与公司的最终目标相混淆。他说，公司的目标在于员工的发展及其成就，并关注它们周围的人。

让-马利的活力很富有感染力，他的想法深深地打动了我。作为一名管理顾问，我知道公司在策略上花了多少精力：提供什么样的产品和服务；如何定位自己，使自己具有竞争力。很少有人想到要阐明一个鼓舞人心的目标。我深受启发，终于有让我感到鼓舞的事情了。

当我观察到让-马利在我们随后的合作中将其原则付诸实践时，那次谈话让我以一种激动人心的全新视角看待商业。在我离开咨询行业后，从 EDS 法国分公司到百思买，它塑造了我担任CEO 的做事方式。本章讨论视角上的转变，第六章和第七章将更详细地介绍这种转变的实际意义。

从利润到使命

正如第四章所强调的，我们迫切需要由内而外彻底重塑资本主义。好消息是，我们做得到。

多年来，我形成了一种方法，为商业和资本主义的重建奠定了基础，并一次又一次地加以检验。这建立在让-马利·狄卡彭特里和其他许多人的智慧之上。

　　这种方法基于从利润到使命的巨大转变——相信商业本质上是关于使命、人员和人际关系的，而不是关于利润的，至少它不是主要的。公司不是没有灵魂的实体，是由人组成的人类组织，他们为了一个共同使命而一起奋斗。当这种共同使命与他们个人对意义的探索相结合时，就可以释放出一种魔力，从而带来出色的表现，如下图所示。

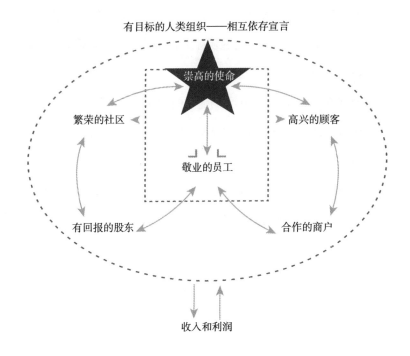

有目标的人类组织——相互依存宣言

崇高的使命

繁荣的社区　　　　　　　　　高兴的顾客

敬业的员工

有回报的股东　　　　　　　　合作的商户

收入和利润

　　在最顶端的是崇高的使命。使命是公司存在的前提。一个崇高的使命，借用丽莎·厄尔·麦克劳德的说法，[1] 是对人们生活的积极影响，进一步说，是对公共利益的贡献。这种公共利益是公司的核心关注点，并整合到公司业务的各个方面。公共利益做得好，生意就会做得好。

员工位于中心，围绕崇高的使命团结一致，而客户也紧紧地与公司使命联系在一起。公司使命成了一颗指明方向的北极星，公司根据它制定战略和决策，并加以衡量。

个人目标是第二章中介绍的四个要素的交集，这对考虑公司使命是有帮助的，阐明了个人目标与企业慈善或企业社会责任等狭义概念的区别。我们也可以通过同样的方式找到一家公司存在的前提，即世界需要什么，我们作为一个团队斗志何在，公司擅长什么，它可以从什么地方获得回报。这启发了百思买在考虑新的商业理念时提出以下四个问题：

- 这符合我们公司的使命吗？
- 这对客户有好处吗？
- 我们可以做到吗？
- 我们会赚钱吗？

崇高的使命是至高无上的。员工处于核心位置，因为商业的秘密是让伟大的人为客户做伟大的工作，并实现伟大的结果。员工和他们所做的工作不能也不应该像经济学理论让我们相信的那样，仅仅被视为一种投入。没人想被当作一种被投入的资源。当人们觉得自己被视为个人而不是人力资本，并处在一个可以茁壮成长的工作环境时，这才是成就伟业的开始。

我所倡导的架构以员工为核心，在公司内部以及面对公司所有利益相关者——客户、供应商、当地社区以及股东——不仅要为公司的使命做出贡献，还要为每个利益相关者创造巨大的成果。当员工把客户当成人，而不是行走的钱包时，他们才会为客户做好服务。当员工，从 CEO 到一线员工，真正了解和关心客户的需求，以及他们如何能最好地帮助客户满足需求时，他们就会为客户做好服务。通过这种方式让客户满意，就能够创造客户喜爱的品牌——与客户建立起强大情感纽带的品牌——从而激发客户的忠诚度与信任。为了出色地服务客户并取得很好的结果，员工还需要与供应商建立联系并作为合作伙伴进行合作，以彼此受益和服务客户的方式进行联系和合作，而不是压榨供应商来提高利润。企业也需要繁荣的社区才能蓬勃发展，而来自这些社区并为之做出贡献的员工是这种联系的核心。崇高的使命也促进了企业与社区的联系。最后，公司与其股东之间的联系从根本上来说是人的联系。股东要么是个人，要么是公司，他们本身就是为人类目标服务的人类组织。资产管理公司关心的是人们的财务状况和退休生活。

因此，追求崇高使命的员工是心脏，而人际关系是流经整个系统并使其蓬勃发展的血液。这样，所有要素都是紧密联系在一起的，处在相互依存、相互加强的系统之中。

利润是成功战略的结果，也是推动这一战略的人际关系质量的结果。但利润对完成使命也至关重要，因为有了利润，才有可能对员工和创新进行投资，创造价值，为社区提供支持，回报投资者。

总之，这种组织方式是相互依存的宣言。

由于多方面的原因，我对这种组织方式及其基本理念感到振奋。

首先，这在哲学上和精神上都是有意义的。对我来说，它呼应了世界上一些最重要的哲学家和宗教的智慧，与从亚里士多德到犹太教、基督教和印度教等世界最重要的哲学家和宗教智慧相呼应。

其次，这种组织方式行之有效。这不仅仅是理论上或一厢情愿的想法。在过去的25年里，我目睹了一个有使命的人类组织是如何创造伟大成果的。我见到一些公司采用了这种组织方式，我领导的几家公司都做到了，其中包括百思买。

照顾利益相关者

百思买复兴的核心，是基于接受和实施了这些原则。它将公司推向了一个在2012年几乎无法想象的高度。从我们转型之初，我们的方法就是照顾所有利益相关者，正如第七章中详细描述的那样，我们崇高的使命一直是我们成长和发展的核心。

你可能已经猜到，百思买现在的目标并非卖电视或笔记本电脑，也不是打败沃尔玛或者亚马逊。

那么百思买的目标是什么，我们又是如何确定目标的呢？

2015 年，公司实现扭亏为盈后，我们就开始思考未来的方向。我们不会再溺亡了，而且我们的头露出水面，我们可以花精力弄清楚我们想游向哪里。

在我们的季度高级领导力会议上，我们思考了如何表达我们的崇高使命。制定目标的方法有很多种，百思买采取的是哪一种呢？公司的定义是什么？公司可能是什么样子？我们进行了左脑分析研究，该研究强调，尽管技术创新令人兴奋，但许多客户需要帮助，要弄清楚创新能为他们带来什么，以及如何利用创新。我们还必须挖掘右脑的创造力和情感维度。在为期两天的休假中，我们利用晚餐的时间分享了我们的生活故事和个人目标，这帮助我们逐渐定义了共同喜欢做的事情——在第二章中展示的目标图的四个维度之一。大约两年后，我们最终找到了一个符合公司目标的方案，一个有商业意义的目标方案。这对我们作为人类是有意义的。

百思买的目标就是通过技术丰富我们客户的生活。我们将通过解决他们在娱乐、生产力、通信、食品、安全和健康等领域的关键需求来实现这一点。

在这一崇高使命的指导下，以人为本，百思买证实了为什么这种方法有效，它开阔了视野。这十分鼓舞人心。它确保经济活动是可持续的，并且能够产生巨大的利润。

开阔视野

崇高的使命会创造一个广阔而持久的视野，开辟新的市场，寻找新的机会。例如，通过技术满足人们的关键需求来丰富他们的生活，可以让员工从事更多的业务，而不仅仅是销售消费电子产品。这样就扩大了百思买的业务范围。

这种方法还可以应对变化。20 年后，通过技术丰富消费者的生活仍然很重要，即使电视和个人电脑不再重要。无论技术如何变化，我们都会用技术来丰富生活。这个使命将继续使公司处于最佳状况，而不是要比其他公司更好。根据这个使命，百思买有了一个雄心勃勃、持久且令人斗志昂扬的使命。公司永远不可能做到最好。百思买的使命永远不会实现，只要它继续为所有利益相关者提供价值，实现这个使命的过程就永远不会结束。

激励人心

还记得第二章中的两个石匠吗？他们一个说自己在凿石头，

一个说自己在修建教堂。对石匠和一般个人来说如此，对于公司来说也是如此。明确的使命不仅仅是一种战略工具。为了有效，它还必须具有启发和引导作用。凿石头是一项乏味的工作。建造教堂是一件崇高的工作，它能激发灵感，因为它有助于回答我们人类对意义的追求。将通过技术丰富生活的梦想与销售电视和电脑的想法进行比较，或者最大化股东价值，哪一个更有可能让你早起工作，并让你兴奋起来？每当我想起我十几岁时贴价签的那个悲惨的夏天，我就会想起韦格曼斯食品超市，这家美国连锁杂货店的使命就是通过食物帮助家庭过上更健康、更美好的生活。除了物美价廉的产品，韦格曼斯还以其快乐的员工而闻名。正因为如此，阐明和整合一个崇高的使命是解决员工工作不投入问题的关键。

安东尼·吴是加州山景城百思买的一个门店销售人员，他举例说明了凿石头和建造大教堂之间的区别。一个购物者告诉安东尼，她想买副耳机，但她不知道该选择哪一款。安东尼有一个办法。他可以直接向顾客推荐最精致、最昂贵的耳机，也可以花时间了解顾客的需求。他开始与顾客进行交谈。由于安东尼的兴趣，这位女士说她在一个嘈杂的开放式办公室工作，很难集中注意力，她得屏蔽掉一些噪声，但当同事需要她时，她希望能够沟通并听到他们说什么。安东尼对耳机非常了解，因此一旦他了解了顾客的需求，就能推荐最能满足这个需求的耳机——结果发现，这并不是最贵的一款。顾客很高兴：她找到了倾听她的需求并为她提供帮助的人。安东尼也感觉很好，因为他不是在推销耳机，而是对别人的生活产生了积极影响。这是工作中真正的人际关系，激励的不仅仅是员工。

在 2009 年广受关注的 TED 演讲中，西蒙·斯涅克认为，正是由于目标——他称之为"原因"——才使得最鼓舞人心的领导者和组织与众不同。能够激发顾客忠诚度的组织能够从它们的目标出发进行思考、行动和沟通。"人们不是买你生产的东西，"西蒙说，"而是买做这件事的原因。"[2]

确保经济活动可持续

在此，我想明确一点：我非常不同意米尔顿·弗里德曼的观点，即企业没有义务处理社会问题。没有健康繁荣的社区，就不会有繁荣的企业，如果我们的星球着火了，商业也不可能繁荣。新冠病毒的流行突显了健康和繁荣的社区对企业健康至关重要。如第六章所述，公司能够决定如何在解决这些问题时发挥自己的作用，我认为它们必须发挥自己的作用。这不仅是应该做的事情，最终也符合它们自己的利益。

产生巨大的利润

我喜欢那个关于两个工程师的笑话，一个是美国人，另一个是法国人。法国工程师向他的美国同事展示了他的发明，并解释了其背后的原理。"很好，"美国工程师说，"但它在实践中有用吗？"然后美国人演示了自己的发明。"太棒了，"这位法国工程师说，"但理论上可行吗？"

有使命的人类组织将使美国和法国的工程师都满意。它在理论和实践中都是可行的。根据我的经验，世界上一些最成功的公司已经采纳这些原则。下面这两家公司是我非常了解的，因为我在它们的董事会任职。

第一家是拉夫劳伦公司，这家公司将其人性化的目标定义为通过真实和永恒的风格激发美好生活的梦想。"我所做的，"拉尔夫·劳伦说，"就是让你过上最好的生活，享受你周围生活的充实，从你的穿着到你的生活方式，再到你爱的方式。"[3]这意味着拉夫劳伦不是一家服装公司，而是一家注重生活方式的公司。对拉夫劳伦的员工来说，这远比销售服装更能鼓舞人心，影响更深远、更持久。这是他们正在建造的大教堂。

第二家公司是强生公司。在位于新泽西州新不伦瑞克的总部大厅里，矗立着一块 8 英尺[①] 高、6 吨重的石英和石灰石碑。镌刻在石碑上的是公司的信条，最初由创始人的儿子在 1943 年公司上市前写的四段文字。该信条的基本原则是将公司服务的人的

---

① 1 英尺 ≈30.5 厘米。

需求和福祉放在首位。它明确了强生公司对其顾客、员工和股东以及当地社会和世界的责任。[4] 虽然信条经过了多次修订，但基本原则没有改变。该公司不仅将其信条视为道德指南，还将其视为制定决策的指路明灯和生意兴盛不衰的秘诀。

当像百思买、拉夫劳伦和强生这样的公司采用这种经营方式时，它们就能成为"亲爱公司"——这是由拉吉·西索迪亚、雅格·希斯和大卫·沃尔夫创造的一个术语。[5] 这类公司包括全食、3M 和添柏岚。它们基于目标、自我实现和真正的合作伙伴关系，建立了高绩效业务，产生了卓越的财务业绩，使所有的利益相关者受益。它们处在改造资本主义的前沿。在 15 年的时间里，它们的业绩表现比标准普尔 500 指数高 14 倍。[6] 这证实了一个企业可以通过对人们的生活产生积极影响为人们带来福祉，并为其股东带来巨大的回报，这种成功建立在其负责任经营业务的基础之上。

其他多项研究也证实了企业目标确实会让企业获得回报。[7]《巴伦周刊》评选的美国最具可持续性的公司（包括百思买）在 2019 年为股东创造了超过 34% 的平均财务回报率，高于标准普尔 500 指数的 31.5%。它们以具备目标性的和人性化的方法制定良好的战略，吸引并留住了敬业的优秀员工。它们强有力的环保政策降低了成本，消费者越来越愿意把钱花在那些除了满足他们的需求，还采取切切实实的可持续做法的品牌上。[8]

酝酿中的革命

企业的使命是为公共利益做出贡献，必须照顾所有的利益相关者，因此才有了"利益相关者资本主义"的说法，这一理念在过去 10 年中取得了重大进展。

越来越多的商业领袖开始接受这种理念。2018 年，我收到了黑石领导者拉里·芬克致该资产管理公司持股公司 CEO 的年度信函。"要想长期繁荣下去，每家公司不仅要有好的财务表现，还要展示自己如何为社会做出积极贡献。"芬克写道，"没有使命感，任何一家公司，无论是上市公司，还是私人公司，都无法充分发挥其潜力。"9 黑石一直在积极推动其持有股份的公司定义和阐明它们更为广泛的目标——为社会做出积极贡献——并在公司的商业模式和战略中明确体现这一目标。

拉里的信函让我很兴奋。这与我的信念是一致的。我也很高兴拉里用他的声音和巨大的影响力来推动变革。这也令人信服地反驳了股东只关心股价和季度业绩的观点。这家全球最大的资产管理公司呼吁，要关注更广泛的目标而非短期利润，关注所有的利益相关者而不仅仅是股东，关注长期视野而非市场短视，这些都很重要。

那一年，在我给百思买股东的信中，我回应了拉里·芬克的信念。我介绍了百思买几个月前在投资者会议上正式介绍的崇高使命。我解释了通过技术丰富生活的理念不仅是我们"打造新蓝"增长战略的支柱，也是公司与员工、客户、供应商、环境和当地社区进行联系的方式。因为黑石是百思买的股东之一，我决定亲手把我的信交给拉里·芬克。同年7月，我在曼哈顿中城的黑石总部将信亲手交给拉里·芬克。这让我有机会感谢拉里的领导。

然后，2019年8月，由美国行业领先企业的CEO组成的商业圆桌会议发布了关于企业使命的新声明。[10]"我们的每个利益相关者都是必不可少的，为了我们的公司、社区和国家未来的成功，我们致力于为所有人创造价值。"[11]从1997年该组织的立场来看，公司的存在主要是为股东服务，这是一个相当大的转变。2019年8月，181位CEO签署了商业圆桌会议声明，承诺为顾客提供价值，在员工身上投资，公平道德地与供应商打交道，支持公司所在的社区，当然，还要为股东创造长期价值。声明说："虽然我们每一家企业都在为自己的企业目标奋斗，但我们对所有利益相关者都有一个基本承诺。"[12]

我很高兴看到这一愿景在其他地方也得到了传播。例如，2019年5月，法国颁布了一项新法律，将《民法典》中关于公司目标的定义修订（这是自1804年以来的第一次）为利益相关者的公众利益。这一变化是根据CEO们的建议提出来的。公司现在必须考虑其活动对社会和环境的影响。公司现在也能够在其章程中明确定义利润之外的内容。

这是一场革命，企业拥有前所未有的力量、资源和影响力来推动它进步。据 2017 年的收入数据，世界上最富有的 100 家实体中有 69 家是企业，而非政府。[13] 考虑到企业所拥有的力量和全球影响力，它能够，也必须成为解决方案的一部分，帮助解决孩子们和我在圣诞晚餐上讨论的挑战。例如，当美国退出《巴黎协定》时，许多公司做出回应，承诺更快地实现协定规定的排放目标，这对地球和企业来说都是有意义的。这种行动必须继续推进。这样，它将从内到外改造商业和资本主义。

但怀疑依然存在。许多人认为，企业领导者和股东在向目标资本主义和利益相关者资本主义转变的过程中并不真诚。他们认为这是安抚顾客和员工的口头承诺。

然而，如今的现实和我的愿景之间的差距并不在语言和意图之间，而是介于意图和实践之间。我认识的商业领袖真心相信，这个体系必须改变[14]，他们也知道员工、客户和投资者最终会痛击任何假装和满足于粉饰账面的人。

但只有良好的意图或者捷径不会产生必需的改变，所能产生的只是空洞的愿景和使命宣言，这些只存在于公司的网站上。创建一个有目标的人类组织，真正释放人的魔力，给世界带来积极变化，这不仅是复杂的，也是艰难的工作。它影响着企业的方方面面，无论是在经济繁荣时期，还是在经济困难时期。这需要从根本上重新思考管理和领导力。我们需要从根本上重新思考管理方式与领导者的作用。

这并不容易，但却是必要的。企业如何才能做出如此深刻的改变呢？这是接下来的章节要探讨的内容。

本章思考

- 你所在的公司在阐明一个鼓舞人心的崇高使命方面做得好吗？
- 公司是否已将这一目标转化为与顾客、员工、供应商、股东以及所在社区发展有意义的联系？
- 整个过程都运行正常吗？
- 如果不是，那么怎样才能做到呢？

第六章

把人置于组织的中心

魔鬼藏在细节里，救赎也是。

——美国海军上将海曼·里克弗

斯坦利是一位在接受了双肺移植手术后于家中休养的老人。他接到了百思买一位工作人员打来的电话，询问他最近的情况怎么样。斯坦利告诉工作人员自己目前情况很好。

但斯坦利的实际情况并不太好，工作人员也知道这一点。由于斯坦利家中放置了许多传感器，人工智能对传感器发送的数据进行了分析，工作人员可以通过分析结果推测斯坦利是否吃得好，睡得好，以及他是否经常走动或者上厕所。工作人员发现斯坦利很少打开冰箱，这对一个吃饭规律的人来说频率远远不够。这位工作人员接受过与斯坦利这样的老人打交道的训练，他能够确定，尽管斯坦利确信自己很好，但他的进食量不够。事实上，他一直在努力吃东西。之后工作人员为斯坦利提供了帮助。

谈论崇高的使命就是把人置于组织的中心，但在实践中是什么样的呢？当我被问到这个问题时，我会讲这样一个故事。帮助年迈的顾客在家安度晚年就是通过技术丰富他们的生活。然而，你如何确保使命深深扎根于公司内部，引导公司业务的每个方面，并以真实的方式体现在运营中，就像对斯坦利所做的服务那样？

这并不容易。它要求将崇高的使命作为公司战略的基石，接纳和动员所有利益相关者，并调整管理实践。这些努力通常需要从根本上重新思考我们如何做生意，改变过去的方法，许多领导者（包括我自己）都视那些方法为不可改变的真理。

把用科技丰富人们的生活作为公司的战略

百思买通过科技来丰富人们的生活的崇高使命并不仅仅停留在幻灯片上。它从根本上改变了我们的战略和经营方式。它带来了重大创新和增长。经过几个月的数据分析，我们确定娱乐、生产力、通信、食品、安全和健康是我们想要解决的关键人类需求。这是我们可以通过科技丰富生活的领域。我们将从专注于交易和销售产品的业务转变为开发解决方案和维持客户关系。

斯坦利享受到的服务就是这个决定的体现。

为老年人提供医疗保健服务通过了四个问题的测试：符合公司的宗旨；对顾客有好处；我们能够承受；百思买能赚钱。在美国，每天都有一万人的年龄达到 65 岁，而且人们的寿命越来越长。尽管三分之二的老年人至少患有一种慢性病，但大多数老年人都希望尽可能久地待在家里。家庭保健服务不仅丰富了他们的生活，也丰富了他们的孩子和照顾者的生活。它为日益昂贵的辅助生活提供了另一种选择。它也有利于医疗和保险行业，有利于降低成本。

如果我们没有将我们的目标与战略联系起来，我们就不会认识到现在为百思买带来成果的机会，比如提供"全面的技术支持"和部署家庭顾问。重点是通过技术丰富生活，无论你在哪里购买，百思买的极客小组都会帮助你。家庭顾问上门提供最好的技术解决方案，现场设计，而不是在门店远程指导。随着时间的推移，百思买的顾问就像你的个人"首席技术官"。这有助于客户与专业人士建立持久的关系，帮助他们充分利用技术。它还帮助百思买找到新的方法，给客户带来新的收入和利润。

人们认为百思买将在 2012 年倒闭，因为消费电子产品没什么增长，而且越来越商品化。如果我们的战略反映出我们是一家销售消费电子产品的门店，那么百思买就会倒闭。而我们用崇高目标更广阔的视角构建战略改变了商业生态，我们的环境其实充满机遇。2017 年百思买完成转型后，我们推出了"百思买 2020：打造新蓝"的增长战略，这一系列举措都与一个目标有关——通过技术丰富客户的生活。

然而，这个战略与一些已有的惯例相悖。传统上，通用电气的战略是成为某个领域的佼佼者，总是努力在其细分市场中成为第一名或第二名。我也这样做过。当我还是嘉信力旅运 CEO 时，我就希望我们能超越美国运通的商务旅行业务，成为行业第一名。但赢得与另一家公司的竞争不能也不应该决定战略。这种雄心造成了局限和零和博弈。而且，它不是特别鼓舞人心，也没有意义，不会给人满足感。

　　假设你负责一家健康和人寿保险公司的战略，如果你的目标是利润，那么你最好的战略就是确保顾客尽可能少地申请保险赔付。公司与顾客的互动将集中在收取保费和管理索赔上。然而，如果你把你的崇高使命定义为帮助人们过上更健康的生活，那么战略就会发生根本性的变化。

　　这就是南非的全球金融服务公司——探索（Discovery）确定其使命的方法。正因为如此，它战略性推出了"键行天下"（Vitality）活动，一种颠覆了传统保险的商业模式。该公司利用行为经济学和临床科学，与科技公司、杂货店和零售店、健身房等合作，提供广泛的激励、游戏和活动，推动"键行天下"会员进行锻炼、健康饮食和定期体检。这种商业模式还允许对风险进行动态定价。结果呢？与客户频繁、有回报的互动可以让他们保持忠诚。更健康的行为减少了医疗负担和成本，改善了他们的生活以及当地社区。由此产生的利润使公司、供应商和股东受益。

每个人都从这种"共享价值保险"中受益。

接受和动员所有利益相关者

多年前，让-马利·狄卡彭特里在麦肯锡晚宴上向我表示，在他看来，98% 非此即彼的问题用"和"来回答会更好。

这是我当时习惯的二元决策世界的又一次突破——我们应该关注成本还是收入？成本或质量呢？我们应该照顾我们的客户、我们的员工或我们的股东吗？我们应该与供应商合作还是竞争？我们应该担心环境和社区还是关注利润？我们应该着眼于长期还是短期？

我现在相信，就像让-马利所做的那样，这些非此即彼的问题是人为的权衡。我们不应通过在利益相关者之间做出选择来实现绩效最大化，而应通过接受和动员所有的利益相关者实现这个目标。我们选择员工、客户、股东和社区。

如果你像我一样，接受过把利润放在首位的训练，你可能会认为这过于乐观，并不以为然。这确实不容易，但重构零和博弈是可以做到的。以下是百思买采取的一些措施。

让顾客满意

在我们明确了百思买的崇高使命之后，我们很快就发现还有很多工作要做。但有些东西没跟上，大多数员工没有明白这对他们和他们的工作具体意味着什么。除非他们能意识到这些，否则公司的崇高使命将无法实现。

"我们必须从公司内部开始。"迈克·莫汉告诉我。那是2017年，后来成为公司总裁兼首席运营官的迈克正与当时的首席营销官惠特·亚历山大一起重塑公司。他们说，在百思买，通过技术丰富生活必须从人——我们的内部员工开始。

当我们处于最佳状态时，我们会是什么样子的？如果百思买是一个人，他会怎么做呢？为了回答这两个问题，我们举办了一系列研讨会，参与者包括最了解公司的领导者。通过这些研讨会，我们明确了一个想法，那就是通过销售人员在客户心中树立起这家公司是一个"鼓舞人心的朋友"的形象，帮助顾客了解他们想要做什么，并想象技术如何能够帮助他们。

由此，我们定义了"鼓舞人心的朋友"——期望通过公司里的每个成员体现出来——会如何履行承诺。"做人"是一种预期行为。为了说明这在实践中意味着什么，我们在美国所有门店都开设了研讨会。每周六早晨，每个门店的员工在早上7:30集合开会，持续两小时。他们观看首席营销官或CEO的视频了吗？如果没有。店长首先向他们介绍预期行为背后的基本概念。然后，店长发起讨论，其间，销售人员相互分享自己的故事，并解释朋友是如何特别激励他们的。

我参加了纽约一家百思买门店的培训。一位同事分享了她是如何在逃离虐待她的男友后沦落到无家可归的，以及百思买是如何成为她的家人的。我说，我一直很钦佩我的哥哥菲利普，因为他总是元气满满、慷慨大方。

他们一旦体验了如何在彼此间"做人"，就清楚了每个人如何以同样方式与客户建立联系，就像帮助像斯坦利这样的老人，或者帮助客户寻找合适的耳机一样。每个人都参加了这些研讨会，包括董事会成员。

这并不是我第一次体会到，把员工和客户置于关注短期利润之前是多么值得的事。1999 年，在我成为威望迪环球电子游戏部门 CEO 后不久，我去了欧文市，与运营暴雪娱乐的团队会面。如果你喜欢电子游戏，一定听过暴雪娱乐。它制作的巨作《暗黑破坏神》和《魔兽世界》让它成为电子游戏界的皮克斯。一走进办公室，我就被每个人专注于创造顶级游戏震撼。这种专注力就像是从墙里渗出来的一样。所有的员工，从前台到总裁，都是狂热的游戏玩家。他们不仅与用户直接联系，因为他们就是用户，他们在开发的过程中还融入了忠实的游戏玩家，整合他们的反馈。他们非常看重游戏的质量，希望自己的游戏尽可能好玩，可以吸引更多的玩家。

我和联合创始人兼总裁迈克·默海姆坐在一起。他对我说："我们现在得达成共识，你们不要决定游戏何时发行。"这样在新游戏准备就绪之前，就不会有推出新游戏的压力。只要游戏够精

彩，晚点发行也没关系。团队明白财务表现是一种自然结果。他
们明白公司成功的核心是与用户的关系，仅《魔兽世界》一款游
戏就在 2010 年收获了 1200 万的月订阅者。在游戏达到最佳状态
之前就发布游戏，在质量或时间上做出妥协，只会损害游戏的长
期收益。我认为这样做不仅对暴雪娱乐的用户有利，对我们的股
东也有利。

与供应商和竞争对手合作

与供应商角力降低成本、提高利润率是一件好事，尤其是在
转型时期，对吧？的确是的，和供应商打交道就需要掰手腕。但
这并不排除以一种对双方有利的方式进行合作。百思买与供应商，
包括那些本应是竞争对手的供应商的合作也是其复兴的一个关键
因素，而且显示了这种合作关系如何超越了将商界视为零和博弈
的观点。

在我加入百思买时，从苹果、微软到索尼，我们与许多供应
商的关系都很奇怪。他们正在发展自己的零售店，与我们的零售
店竞争。同时，百思买经营着数千家门店，提供他们将技术商业
化所需的近距离服务。我在旅游行业工作的经验告诉我，供应商
可以变成我们的收入来源。我们需要一种方法来弥补我们的成本。
于是，我上任后不久，我们就决定将零售店价格调至与网上价格
一致，以防止"展厅现象"——潜在客户来实体店寻求建议，体

验产品，但最终在网上购买。百思买需要供应商，而供应商也需要百思买。我们一定有办法互相帮助，可能是通过建立战略伙伴关系。

在我于百思买工作的第一周，我对明尼阿波利斯《明星论坛报》说过同样的话。时任三星电子联席 CEO 的申宗均相信了我的话，飞到明尼阿波利斯和我讨论这个想法。在晚餐期间，我们探讨了如何在百思买门店里开设三星迷你店。这种开设"店中店"的想法将为三星节省大量时间和资金，同时也给了那些渴望试用三星热门新盖乐世产品的顾客理由去百思买门店。这样三星可以专注于产品和创新，而百思买将负责零售业务。这对两家公司和我们的客户都很有意义。晚餐结束时，我们就此达成一致。

几个月后，我们在纽约联合广场的百思买门店推出了三星体验店，展示三星的产品。这一举措取得了成功。很快，美国所有的百思买门店都开设了三星迷你店，这帮助三星提高了在美国的销量，也帮我们公司抵销了成本。

我们对其他供应商采用了同样的模式，包括微软、索尼、LG 集团、美国电话电报公司、威瑞森、斯普林特、佳能、尼康和谷歌。这一战略帮助索尼重振了陷入困境的电视业务。早在2007 年，我们就和苹果公司共同打造了首家店中店的体验服务，苹果也决定加倍在我们的门店进行投入，尽管它有自己的旗舰零售店。2019 年，苹果公司宣布，百思买将为苹果提供服务，帮助许多不住在苹果商店附近的客户。这对顾客、苹果公司，以及百思买都是好事，因为这意味着又多了一个让顾客光顾百思买门店的理由。

如果百思买仍然是一家以销售电子产品为使命的公司，我们很可能因展厅而倒闭，因为越来越多的客户利用实体店来体验产品，随后在亚马逊上购买。但我们找到了有效的方法，与全球领先的科技公司围绕我们重新定义的目标进行合作。现在，这些公司在我们的门店内投资它们自己的品牌展示区，包括营销和员工培训。我们把展厅变成我们所说的展示区。

因此，如果你今天走进百思买的门店，会发现店里有苹果商店、微软商店、三星商店，还有索尼商店、LG商店和谷歌商店，以及亚马逊商店。

的确，亚马逊是一个颠覆性的竞争对手，一个本该杀死我们的巨人。

我们一直在销售亚马逊的产品，从 Kindle 开始。随着亚马逊产品线的扩展，其中包括许多支持 Alexa 语音技术的产品，我们专门为它提供了展示场地，并在摆放谷歌竞品的场地旁边进行了现场演示。虽然全世界都将亚马逊视为百思买的生存威胁，但我们看到了另一种互利合作的伙伴关系，这或许会成为一段引人注目的成功故事。

更大的机遇出现在 2018 年，这一年，亚马逊推出了 FireTV

平台。在与亚马逊位于西雅图的总部隔海相望的贝尔维尤门店举行的新闻发布会上，杰夫·贝佐斯和我共同宣布了一项扩大合作关系的计划。亚马逊向百思买授予了 FireTV 的独家销售权，因此能买到近 12 款 FireTV 的地方只有百思买门店和亚马逊网站。

"电视是客户会考虑购买的。"贝佐斯在新闻发布会上解释道，"人们的确想进店来看看电视。他们想打开电视试一试，看看效果。"

《明星论坛报》认为这是超现实的："很多人曾认为杰夫·贝佐斯的亚马逊会让百思买破产，但他不仅和竞争对手百思买相互成全，还承认他可以利用百思买的帮助来销售产品。"[1]

贝佐斯说："实体店会一直存在。虽然电商将无处不在，但电商不会是全部。"[2]

这次"政变"实际上是把使命和人放在商业核心的自然延伸。贝佐斯告诉我，我们两个团队在过去几年的合作中建立起来的信任对他决定与我们进行如此密切的合作至关重要。

帮助社区繁荣

正如第五章所提到的，我坚信解决社会问题是企业的职责所在。

但是，公司如何决定优先考虑和追求什么事业呢？什么时候表明立场，并采取行动是正确的？什么时候不正确？许多社会企业责任项目似乎都陷入了这样的陷阱，变成了一堆不相关的倡议，协调不力，如何避免这种情况？[3]

我们要让公司的议程与其崇高的使命保持一致，并确保这是公司战略的一部分，而不是事后随意提出的想法。以环境为例，商业的未来在很大程度上取决于地球的未来。毫不奇怪，越来越多的公司将应对气候变化和环境恶化纳入它们的经营方式。

我为百思买在过去 10 年里减少了 55% 的碳足迹而感到骄傲，例如，在我们所有门店推出了 LED（发光二极管）灯，并为极客小组的代理商使用了混合动力汽车。这有助于保护环境，并帮助我们节约能源，这不是零和博弈。

要想取得显著的改变，越来越需要与行业内的其他参与者进行合作。集体行动能更快地产生更大的影响。如果行业内的关键群体联合力量，共同承诺，那么出于竞争的考虑就不能被当作不作为的借口。例如，2019 年 8 月在比亚里茨举行的七国峰会上，包括法国奢侈品巨头开云、阿迪达斯、香奈儿、耐克和拉夫劳伦在内的时尚界最重大、最具影响力的公司宣布了这项倡议。它们的协议涉及该行业对气候变化和生物多样性的影响，以及海洋污染问题。参与协议的品牌占到时尚行业总产量的 30% 以上。这就是联合利华前 CEO 保罗·波尔曼与"想象力"——一家他参与创立并担任主席的企业兼基金会——所追求的企业间、企业与非政府组织间、政府与援助机构间的集体行动。"想象力"曾将各家公司的 CEO 聚在一起，共同对《时尚公约》做出承诺，如今该公约正在研究如何迅速扩大规模。批评人士指出尽管这一公约并非尽善尽美，但这种集体和协调的一致的行动朝着正确方向迈出了一步。[4]

解决我们所在社区存在的严重不平等现象是另一个优先事项。百思买一直在建设和部署百思买青少年技术中心，向来自服务水平较低社区的孩子提供技术培训帮助，为他们未来的职业道路做准备。截至 2020 年底，百思买有近 40 个这样的中心，它们是在百思买供应商的帮助下建成的，凸显了企业可以利用集体力量做善事。企业可以通过多种方式支持当地社区。当行善倡议与公司目标相一致时，它们就会变得更强大、更有影响力、更成功，因为它们成了公司业务的延伸，而不是多此一举。

许多企业也已经针对目前和未来的工作人员深切关心的社会问题进行了动员，如教育、移民、性少数群体的权利。赛富时创始人兼联合 CEO 马克·贝尼奥夫支持性少数群体权益的果断行为是一道分水岭，尽管这可能影响该公司的利润。贝尼奥夫称，这对公司和他作为 CEO 是一个岔路口。他公开表明立场让赛富时更加引人关注，公司持续发布创纪录的收益。这也向员工传达了关于公司价值观的明确信号。他总结道："企业无须坚守价值观就能招聘到并留住顶尖人才的日子早已经一去不复返，没有一家企业能在未来一直成功，除非它认同价值创造价值的理念。"[5]

2017 年 8 月底的一个清晨，百思买公开发表了一个立场。我在办公室浏览新闻时，看到了一封由西海岸的许多商界领导者签名写给特朗普总统和所有国会领袖的公开信。特朗普政府宣布将废除"童年抵美者暂缓遣返"（DACA）计划，该计划允许"追梦人"——幼年时非法入境美国的移民——在美国合法学习和工作。这封公开信敦促政治领导人继续保护"追梦人"，并通过立法永久解决这一问题。

和许多美国大公司一样，我们的一些员工也是"追梦人"，华盛顿的政治角力让他们极度焦虑。我们必须保护他们。作为一个移民，这种情况深深地触动了我的心弦。但在更广泛的范围内，近 80 万真心实意注册了该项目的年轻人——其中 97% 的人在工作或上学——突然面临被驱逐出境的危险。这超出了有关移民的争论。这关乎公平和人性。为什么百思买没有参与这一集体行动？

我们必须做点什么，而且要立马行动。我打了电话给公司负责通信和公共事务的马特·福尔曼。那天下班前，我在公开信上签了名，加入了表明立场的商界领导者的行列，喊出了我自己和公司的声音。我还向我们的员工保证，百思买会支持他们，如果他们需要，公司会提供法律援助。

一个月后，百思买联合成立了"美国梦联盟"，致力于为"追梦人"找到一个永久性的解决方案。不幸的是，目前为止，仍未找到明确的解决方案，这场斗争仍在法庭上继续。2019 年10 月，我们加入了向美国最高法院提交的法庭之友摘要，以支持"童年抵美者暂缓遣返"计划。2020 年 6 月 18 日，最高法院驳回了特朗普政府废除"童年抵美者暂缓遣返"计划的提议。这给了"追梦人"一个喘息机会，希望能给他们带来足够的时间找到永久的解决方案。同时，我们将继续坚守我们认为正确的立场。

回报股东

照顾所有的利益相关者并不意味着将股东边缘化。我想明确一点：问题不在于股东，而在于将股东视为无情的庞然大物，必须牺牲其他利益相关者的利益来获得支持。我发现，当把股东视为人时，他们并非有时被描绘成的短视、追逐利润的怪物。百思买已明确向股东表示公司的使命不是赚钱。2012 年 11 月，我们公布"蓝色复兴"扭亏战略时，我们就是这么做的，即使我们的企业面临倒闭，该计划也涵盖了我们所有的利益相关者。2019 年 4 月的一次投资者会议上，我又这样做了，当时我觉得他们完全理解了这种商业做法。

让股东加入董事会可能比你想象的要容易，因为公司拥有一个崇高的使命并照顾所有的利益相关者，往往会为股东带来丰厚的收益。当我在 8 年后写这本书时，百思买的股价从 2012 年 11

月的低点 11 美元涨到 110 多美元。

　　将人际关系置于企业的核心位置意味着要善待每一个人，包括投资我们股票的投资者和分析师。多年来，一位跟踪百思买的金融分析师在我们扭亏和复苏的过程中一直坚持自己"卖出"的建议。我们可能会感到沮丧，为什么他看不到我们的进步呢？但他在做自己的工作，尽自己最大的努力为他的顾客提供建议。所以，我们的投资者关系团队对待他就像对待其他分析师一样。最终，就连他也放弃了偏见，改变了自己的建议。所以，把每个人都当作顾客，当作有真正需求的人真是一场革命。

● ● ●

　　一旦我们摒弃了商业世界零和博弈的观点，"联合"的力量就是无限的。行善就能做好生意。百思买正在满足斯坦利这样年长的美国人的需求，并开发出一项全新的业务。我们的电子产品回收计划节省了有价金属，并通过为顾客提供真正的服务来推动门店的客流量。投资节能 LED 灯有助于减少碳排放，节约能源也降低了我们的运营成本。投资百思买青少年技术中心，帮助弱势青少年获得了技能，帮助百思买实现了劳动力多元化，从而支持服务不足的社区。

　　我相信，商业的成功和应对世界上最为严峻挑战——那些困扰着我的孩子们和他们那一代许多人的挑战——的关键在于接受并动员客户、供应商、社区和股东都追求某个既定的崇高使命。

当一家公司的员工用心与所有这些人建立联系时，这个使命就能实现。

调整管理实践

转向关注使命和人员的模式需要调整关键管理实践。在百思买，这反映了让-马利·狄卡彭特里的"人员→业务→利润"策略。

实际上，这意味着重新安排你的时间以及与他人的互动方式。例如，当我在百思买担任 CEO 时，我采用了这样一种做法，即在讨论财务情况之前，先讨论员工，然后讨论顾客，接着开始回顾每月的业务。这打破了常规，但这是实施"人员→业务→利润"策略切实可行的方式。我总是按照这一顺序向百思买董事会汇报我的最新工作。即使是在百思买扭亏为盈，公司的生存岌岌可危的时候，我们也把更多的时间花在了人才和如何挽救业务上，而不是财务上。

我花了点儿时间才学会这个。当我还是 EDS 法国分公司总裁时，我花了好几个小时分析财务报告，没完没了地问有关数字的问题，每当涉及细节时，我喜欢用数字来分析，这让我感到愉快。尽管我采用了"人员→业务→利润"的策略，但当决策结果不尽如人意时，我还是会落入窠臼。我现在意识到，老法子除了把团队逼疯之外什么用都没有。让公司的首席财务官做好其分内之事是我必须掌握的一项技能和方法。

百思买的假日领导力会议将来自全国各地的门店经理聚集在一起，为假日季的开始做准备。该会议也是管理实践必须而且可以如何演变的一个例证。显然，假日季对百思买的成功至关重要，仅第四季度就占了全年利润的一半。所以，你会认为假日领导力会议的所有事情都将集中在我们如何将收益最大化上，但实际并不是这样的。我上次参加会议是在2019年秋天，会议一开始，一线工作人员和管理人员便讲述了那些能够激励自己的故事。舞台在房间的中央，而不是前端。CEO直到第二天才发表讲话。出于同样的原因，这个年度聚会总是以慈善活动开场，比如向贫困儿童赠送电脑，以此提醒每个人，商业的核心是人性，而不是经济效益。

我们还通过改变衡量标准来改变实际管理。关键绩效指标应该超越财务或排名。近年来，从员工调查和衡量客户体验的客户推动得分，到碳足迹，再到多元化成就，用于衡量与所有的利益相关者关系进展的工具成倍增加。会计标准正在制定当中，以纳入环境影响等考量因素。衡量公司目标融入公司实践程度的工具也开始出现。[6]

这些措施并不完美，但没有措施是完美的，所以不完美不是不作为的借口。那些因为指标不理想而认为自己无法做到的人，让我想起了一个男人晚上在街上丢了钥匙的故事。他绝望地在街灯的亮光下寻找丢失的钥匙。"你肯定把钥匙丢在这儿了吗？"他的朋友问。"没有，"他回答说，"但这是唯一有光的地方。"

我们可以走得更远，我们也应该走得更远，特别是在能够推动内部变化的外部指标方面。评级机构、金融分析师和代理顾问（建议股东在股东大会上告知投票结果的公司）在评估公司业绩和前景时，正越来越多地考虑采用更广泛的衡量标准，不过仍有一些滞后。例如，在评估高管薪酬时，代理顾问仍倾向于只关注股东回报。

发展和采用更好、更平衡、更广泛、接受度更高的绩效衡量标准的旅程还需要继续。

• • •

你可能会想，所有这些崇高的使命以及与核心业务的联系听上去都很棒，直到你遇到困难碰了壁。面对现实，你不得不诉诸老办法，对吧？

百思买扭亏为盈的案例表明，这种方法并不限于业绩好的公司。事实上，正如第七章所示，这是公司复兴的主要原因。

本章思考

- 你的公司的战略如何体现其崇高的使命？
- 你的公司与员工、顾客、供应商、当地社区和股东之间的关系是否与公司的使命完全一致？

- 你倾向于采用"非此即彼"的方法，还是能够通过"和"的力量来应对挑战？你能重新定义当前的问题，从而找到双赢的解决方案吗？

- 你的公司在开会时首先讨论的是什么？人、业务还是利润？

- 你的公司是如何衡量使命与员工、顾客、供应商、社区和股东之间的关系的？

第七章

不惹众怒，扭亏为盈

这是最好的时代，也是最糟糕的时代。

——查尔斯·狄更斯，《双城记》

有一个典型的场景——公司陷入困境；公司宣布裁员，重组；华尔街鼓掌；随着成千上万的员工离开公司，股价却上涨了。我们之前看过这部电影，也听过电影中充满恐惧、愤怒和怀疑的配乐。另外，这部电影还有续集，公司历经多轮重组。这种转型被视为一种血腥的运动，一场逐底竞争，一场对公司员工数量、支出和客户服务的恶性削减。

怎么会这样呢？

在我看来，把使命和人作为企业的核心，以及前面讲到的模型的实际意义，这些在企业繁荣之路上并非遥不可及。事实上，这就是我多年来制定的"转型手册"的核心，它们基于我在百思买和其他公司工作的经验，以及对其他公司求生措施的研究。当我决定听从吉姆·西特林的建议，去百思买工作时，我已经领导或参与了6次公司转型。过去的经验给了我信心，让我开启了后来被称为神奇冒险的转型，当时我在明尼阿波利斯的很多朋友都认为我疯了。

"转型手册"里的原则与我上面描述的血腥运动是对立的。它不是要"裁员、削减支出等"。当一个企业处于危急状态时，员工是成功扭转局面的关键。生存取决于员工情况——他们的活力，他们是否关心顾客和利益相关者。我不提倡用一种温和被动的方式关注人，而提倡用动员、激励、立竿见影的方式关注人。

百思买于2012年秋季推出"蓝色复兴"战略，说明了如何在危机和艰难时期释放出尤为关键、有意义且有效的人的魔力和人际关系。下面我将按照扭转时局的基本原则，而不是事情发生的顺序进行细说：始终始于人，始终终于人，唤起人的魔力。

始终始于人

2012年9月4日，是我担任百思买CEO的第一天。我没有去明尼苏达里奇菲尔德的公司总部，而是驾车去了明尼阿波利斯以北60英里 ① 的圣克劳德，这是一个紧靠密西西比河，位于明

---

① 1英里≈1609米。

尼苏达州农田中心的小镇。上班的前几天，我将会在迪威臣大街的百思买门店工作。

向一线学习

我不仅是百思买的新手，也是零售业的新手，我有很多东西要学。我也知道向一线人员倾听是最好的学习方式。我穿着卡其裤和标志性的百思买蓝衬衫，上面有"见习CEO"的标签。第一天，我和员工见面，倾听，问问题，在店里来回走动，参观每一个部门，观察门店销售与客户的互动，然后问更多的问题。下班后，我和门店的管理团队在当地的一家比萨店共进晚餐。我们整个晚上都在聊天，互相了解，同时也在讨论什么适合他们，什么不适合。这些人每天都要和客户面对面交流，必须按给定的条件完成工作。

他们知道很多百思买的真实情况。很多！例如，在那次晚餐上，一位销售人员指出，百思买网站的搜索引擎有问题，顾客找不到他们想要的东西。他在搜索栏里输入"灰姑娘"，搜索引擎会列出来一系列尼康相机。我简直不敢相信。

在吃甜点时，我还发现员工们对几个月前的员工折扣的减少感到不快。许多人之所以来百思买工作，部分是因为他们热爱电子产品，但那个决定取消了他们非常珍视的一项福利。他们说更令人恼火的是，董事会决定同时为留住某些高管推出"留任奖金",以让他们在公司经历动荡之时继续工作。

第二天,我和门店经理马特·诺斯卡共进午餐。就像作为神秘购物者的经历一样,我在当天早些时候就注意到CD(激光唱片)、DVD(数字通用光盘)和电子游戏占据了大量的楼面空间。我抓起一张餐巾纸,问马特能否粗略地画一张门店的平面图。他画的草图显示,大约五分之一的楼面空间专门用于实体媒体,而实体媒体正迅速被在线流媒体取代。另外,手机只占了门店空间很少的一部分(4%),即使手机的需求在迅速增长。像榨汁机、搅拌机和咖啡机这样的小电器既受欢迎又赚钱——这个市场在美国的市场价值约160亿美元,而且还在增长。[1]不幸的是,这些东西在圣克劳德几乎见不着。我只在门店最里面隐藏的货架上,发现了一台孤零零的搅拌机。这显然是一个绝佳的机会。

回到门店,我观察顾客。我发现他们会和门店销售聊一会儿,有时候什么都不买就离开了。他们把这儿当作展厅——咨询建议和选定产品,但是去网上购买,因为他们觉得网上的价格便宜。这让销售人员感到气馁。

我很好奇,为什么听了门店销售的意见,顾客会依然在百思买购买商品,我们提供了什么别的零售商提供不了的服务。销售人员已经尽其所能呈现自己的观点,但他们的观点既不一致,也不是特别令人信服。这使得我意识到,公司没有给门店员工这个关键问题的明确答案,这意味着顾客也可能不知道他们为什么要找百思买。

我在百思买圣克劳德门店见习快结束时，我和马特·诺斯卡开了个会，他告诉我，百思买总部列出了三四十个指标来衡量门店的绩效，从门店卡片的申请和延长保修期到按产品类别销售的配件数量。每个总部部门都在推进他们自己的指标，说他们的指标最重要，这使得一线员工和门店经理不知道应该关注什么。总部根本不在乎这些指标有什么用或者是不是以顾客为中心。店员们感到不安、困惑甚至不知所措。可以看出，这在消费者眼中是如何损害品牌的。

在最初的几天里，我所做的就是倾听店员的心声，观察门店的状况，绝不会专盯着各种报表或与其他高管坐在总部开会。几天下来，倾听新同事的意见，观察他们的工作，对于我们可以做些什么——而且是立马做——去扭转商业局面，我有了许多想法。当一个企业陷入困境时，倾听一线员工的意见是快速找出是哪些"疯狂、愚蠢"的东西阻碍了企业发展的最佳途径，就像我后来告诉门店经理的那样。百思买的局面扭转就是始于圣克劳德的店员。

选人是第一位的

从人开始意味着你要确保拥有优秀的管理团队。一个企业做得好，功劳要归一线员工。如果企业陷入困境，高管必须承担责任。

百思买当时身处困境，因此高管层应该承担责任，但这并不意味着我要开始更换高管团队人员。我在第一天就告诉高管团队，每个人开局都是"A"，需要他们自己来维持这种地位。

有时候，这是个自我选择的过程。没过多久，我们就发现管理团队中哪些人没有能力或不愿意做出必要的牺牲，最后不得不让其离开。

我们从内部提拔了一些领导者，包括那些成功推动我们手机业务的高管。我们也引进了新人。我有幸说服了莎伦·麦柯勒姆加入百思买做首席财务官，她曾经担任威廉姆斯-索诺玛的首席财务官和首席运营官，威廉姆斯-索诺玛是一家成功的多渠道零售商。她正是我们所需要的女性：投资者尊重她，她在电子商务方面有丰富的经验，她是一位亲力亲为的运营、财务总监。另外，司各特·德奇斯拉格将他在亿客行的专业知识和经验带到百思买，来运营电子商务部门。

管理层的变化也激励了公司下面的员工，他们将这种变化视为高管层重视绩效的强烈信号。

从人开始还意味着与迪克·舒尔茨重修旧好，他创立了百思买，目前仍是公司最大的股东。

用梦想打造团队

2012 年 5 月，迪克·舒尔茨辞去百思买董事长一职，那时我还没有被任命为公司 CEO。到我 9 月开始工作的时候，他已经发起将公司私有化的攻势，并与董事会发生了冲突。在我看来，一家公司与其创始人起冲突是很疯狂的事。我非常钦佩迪克所取得的成就，对我们的员工也是这么说的。无论我们是要私有化，还是上市，他都将是百思买的创始人和最大股东，我想和他建立一种积极的关系。我认识布拉德·安德森，他多年来一直是迪克的得力助手，并在 2002—2009 年担任公司 CEO。我请他把我介绍给迪克，在他的引荐下，我见了迪克。

2012 年 10 月，在圣克劳德工作一个月后，我去了迪克·舒尔茨家族基金会办公室，那里距离百思买的总部只有几分钟的路程。我穿着西装，打着领带走进迪克的办公室，把我的简历递给了他。"正常情况下，您应该要面试我的，"我解释道，"所以我想适当地自我介绍一下。"迪克后来告诉我，我的姿态触动了他。

迪克和我完全不同：他一生都在致力于建立一家零售企业，而我没有零售业经验。他对百思买了如指掌，而我是个门外汉。尽管如此，我们还是找到了共同点。迪克给我的印象是一个真正善良、有爱心的人。他只是担心自己建立的企业的发展路径，想要为此做点什么。我和他分享了一些关于人和客户的基本经营理念。我还表示，我无意盲目削减门店和员工数量，我认为这两项是百思买的优势。当我们结束谈话时，隔阂已经消除。

第二个月的感恩节，我和时任百思买董事长海提姆·蒂亚布吉飞往迪克位于佛罗里达的家。那时，我们已经告诉投资人我们打算让百思买扭亏为盈。海提姆和我想探索如何与迪克和布拉德合作，帮助百思买恢复健康运营。很明显，我们都很渴望从公司的最大利益出发。例如，海提姆表示，如果是董事长这个职位的问题，他可以从董事长的位置上退下来。但很明显，我们还没有完全达成一致。在迪克的律师办公室谈论时，迪克慷慨地提出，如果他将公司私有化成功，他愿意让我继续担任 CEO。他接着补充道，我的任务是执行他与布拉德和阿尔·伦兹迈尔所做的决定，他们分别是公司的前首席财务官和前首席运营官。"我真的很擅长听取意见，"我很尊敬地告诉他，"但我不擅长指挥。我想你也是！"我们都笑了，这使得气氛更加轻松了。

2013 年 1 月，迪克的私募股权合伙人都在努力确定一个真正的报价。2 月底，由于我们没能够就条款达成一致，一项对上市公司百思买进行私人投资的替代计划也夭折了，但我还是想找到和迪克合作的办法。这种不和分散了员工的注意力，影响了员工，他们中的许多人在迪克担任 CEO 的时候就认识他。是时候把 10 个月的闹剧抛在脑后，向前看了。

最终，迪克·舒尔茨同意在 4 月以新的头衔——名誉董事长重新加入公司。尽管他没有重新加入董事会，但他同意为我提供明智的建议。百思买这个大家庭又团聚了。战争正式结束，我们可以把人才聚集在一起，扭转时局了。

始终终于人

当然，我们不得不勒紧裤腰带，因为百思买的成本太高了，但我们最后才会考虑裁员。这意味着，当形势严峻时，裁员是最后的选择而不是首选。

这是让-马利·狄卡彭特里多年前告诉我的另一个智慧，在企业转型时，首要任务是增加收入，减少非工资支出，优化与员工福利相关的成本。如果这三个办法还不够，那么也只有在这个时候，才应该考虑裁员，要让人处于有目的的人类组织的中心。

一些分析师一直强烈要求"流血运动"——建议百思买关闭门店并裁员。关闭门店，裁员，收入减少。但大规模关店并不是解决办法。我从之前的经验中得知，最后才考虑裁员的公司是如何更好地复苏的。在卡尔森的时候，我们在德国的旅游业务是如何应对 2008 年的经济危机的，让我深受启发。商务旅行依赖老练的旅行代理，他们可以优化多行程安排，了解复杂的航空公司定价，并建立关系。经济衰退严重影响了嘉信力旅运的业务量。在许多市场，当地管理层不断削减，但在德国，由于当地的劳动法，管理团队减少了工作时间，这样每个人都能够保留住工作。高级管理人员也降低了自己的报酬。他们不知道市场需要多长时间才能够恢复，但是他们知道留住人才是当务之急。这样，当市场恢复时，他们才能做好准备。

德国管理团队敏锐地意识到，当情况好转时，弥补在艰难时期因裁员造成的专业知识和经验的损失会付出高昂的代价。新员工熟悉业务需要时间。想象一下，你走进一家百思买门店，寻求建议。你很可能不会和新来的销售聊天，而且普遍这样。没有顾客会找什么都不懂的新员工买东西。

我想到了卡尔森德国分部，因为我们付出了代价，并试图裁员。下面是我们在让-马利所说的原则的基础上采取的一些措施。

增加收入

首要任务是增加收入。行业分析师一直在预测大型零售商的死亡，并将其归咎于线上零售的竞争。因此，我们决定直面亚马逊的挑战。2012年10月，我们宣布我们将与在线零售价格保持一致，当然包括亚马逊的价格。这样客户就没有理由再去门店展厅。我们可以把同样的客流量转化成更多的销售额。我们在芝加哥的门店悄悄地测试了这个想法，分析得出的结论就是，我们赌对了，销售额的增加会弥补调价带来的损失。我们的决定引起了很大的反响。

我们还改进了我们的网站和我们的网上购物方式。不会再出现搜索"灰姑娘"弹出尼康相机的现象。我们最有效的措施之一就是开启了在线订单可以从百思买门店直接发货，这是由莎伦·麦柯勒姆提出来的。因为百思买门店方圆10英里的范围内住着当地 70% 的人口，这就大大缩短了我们网上购物的快递时间，有助于促进网上销售。

我们也努力让我们的门店购物变得更愉快和更有收获。我们投资培训门店员工，就像第六章中介绍的那样，我们开始与科技公司合作，帮助它们展示数十亿美元研发投入的成果。

我们还彻底整改了门店布置，扩大了手机、平板电脑和家用电器等不断增长的类别的占地空间，CD 和 DVD 等媒体的占地面积大幅减少。

减少非工资支出

接下来，我们大力减少非工资支出。我们最初努力在几年内减少 7.25 亿美元的成本。我们可以削减的成本很多，但这仍然是很大的数额。首席财务官莎伦·麦柯勒姆运用了她的零售业经验。她认为，单是改善退货、换货和损坏赔偿就可以节省 4 亿美元。电视机就是一个很好的例子。平面屏幕很容易损坏，从工厂到门店，到运送车上，再到顾客家里的多次搬运，屏幕经常损坏。大约有2%的电视机是在这个过程中损坏的，每年给我们造成1.8亿美元的损失。即使减少一小部分的破损，也会节省大量成本。

我们与制造商合作，设法设计更多防损坏的电视，并改进包装，以更好地保护电视机，包括印制更清晰的说明，要求如何存放——要竖着放，不能够平放。我们培训仓库管理员和销售人员如何处理电视机，并确保这些电视机存放在较低的地方，以减少掉落的危险。我们提供免费送货上门服务，对于坚持把电视机塞进自家车里的人，我们也会告诉他们如何放置，以将风险降到最低。

我们也找到了优化产品退货的方法。客户 10% 的退货率消耗了我们大量的金钱和时间。拿冰箱这样的大型家电来说，在送往顾客家中时，抬上楼梯或在狭窄的转角处，经常会被碰出凹痕。于是，我们在网上更好地指导客户如何测量他们的空间。如果磕碰到的正好是冰箱的侧面或者背面，我们就会给我们的送货人员和销售员提供礼品卡以补偿客户，这样就避免了在安装之后因为一个小小的看不见的外观问题而退货。同样，我们没有把退回给我们的电脑返给供应商，而是利用我们广泛的实体店和线上店铺直接将它们二次销售。这就优化了整体回收，并为我们从制造商那里赢得了补贴。

我们还放宽了规则，以防止明显的不可思议行为和愚蠢的浪费。例如，2013 年 4 月，我去了肯塔基州的一个售后中心。偌大的地方，传送带上翻腾着顾客退回来的货物。在其中一条传送带上，我发现了一支绿色的马克笔。这是我们某个门店寄回给售后中心的。那支笔历经了数百英里，其中的花费远远超过售后中心修好它能够带来的收益。

这简直不可思议，但是门店严格遵守了售后政策和程序。我给这支孤零零的绿色马克笔拍了张照片，在下一次的门店经理会议上投影给他们看了。我告诉他们，如果任何一线员工看到任何像绿色马克笔这样的东西从门店被退回到售后中心这种不可思议的愚蠢行为，他们就应该无视任何这种政策。如果你看到不合理之处，就说出来，改变它。

除了退货、换货和损坏，我们也注意到更为奢侈的隐性支出。高管人员取消坐私人飞机。2013 年 1 月，我高高兴兴地走向经济舱的 36B 座位，飞去参加消费电子展。这给了我们的供应商和团队一个非常明确的信息。同时，莎伦·麦柯勒姆要求的不仅仅是削减大的成本支出。没有哪一项成本节省是小事：我们不再彩色打印，采用黑白双面打印。即使节省的钱不多，也奠定了正确的基调。

优化员工福利

关于员工福利，我们首先也是最简单的决定之一就是恢复员工折扣。我在圣克劳德了解到，取消这个福利是多么不受欢迎。这伤害了他们的士气，也伤害了他们为公司扭转局面而全力以赴的意愿和能力。我们还重点关注医疗支出，美国雇主的医疗成本每年增长 6%~8%。我们怎么做才能优化这些成本，同时确保我们的员工的健康仍然得到很好的保护？我们仔细研究了是什么推动了我们的医疗成本上升。我们制订了健康计划，并且增加了健康措施，以帮助员工保持健康。我们再次与我们的供应商——这次是保险公司——合作寻找解决方案。

裁员是最后的举措

对于百思买来说，让-马利提出的三点不完全适合，我们确实减少了员工人数。例如，在实施"蓝色复兴"战略的扭亏期间，我们削减了不必要的管理层，关闭了非战略部门和计划，比如向其他零售商开放的"极客团队"服务。我们也精简了管理层，在这之前，似乎每个人都有一个领导，没有这个必要。

其实，削减职位并不总是意味着裁员。2018 年，我们决定关闭百思买的手机商店。单独开设独立门店销售手机没有意义了，但我确保我们没有采取一揽子遣散费的标准做法。相反，我们给手机门店的所有员工发了一封信。信中解释了我们将如何尽我们所能帮助他们在百思买内部安排其他职位，并真诚地希望他们会选择这些职位，因为我们重视他们对百思买所做的贡献。

他们有很多机会。与大多数零售企业一样，自然的员工流动率和公司规模给了我们人员安排的灵活性。在百思买门店打工赚钱的大学生毕业后就离开了。人员都在流动或者升迁。即使我们尽一切努力营造一个有吸引力的工作环境，门店的员工流动率仍然达到 30%。这远低于扭亏之前的 50%，但每年仍有许多工作需要补充。另外，我们的业务在不断增长。例如，我们的家庭顾问团队的发展意味着创造了新的就业机会。我们为大多数的手机门店的员工提供了这些工作，并努力确保每个人都觉得，如果他们愿意，可以留下来。并不是每个人都选择留下来——离开的人得到了遣散费——但我们尽我们所能让他们有选择的机会。这么做是正确的，因为这样才人性，而且在财务上也是有意义的，无论在哪儿，都应该如此。我们做这个决定很容易，也很容易向股东解释。

收入不断增长，精简非工资支出，优化员工福利，这些通常不会成为头条新闻，除了我们决定将门店价格和网上价格同步的举措确实上了报纸。这些措施不像裁员那么引人关注，但非常有效。自 2012 年以来，百思买已经节省大约 20 亿美元的成本，其中约三分之二是非工资支出，远远超过了我们最初设定的 7.25 亿美元的目标。公司一直在想办法每年减少两三亿美元的成本。这些省下来的资金在很大程度上反过来又投入公司发展，确保我们继续照顾到所有的利益相关者。

"蓝色复兴"并没有因为我们努力避免裁员而奏效，相反正是因为裁员起了作用。裁员使得其他措施更有效，因为员工对待客户和供应商更好了，这对公司扭亏为盈产生了重大的财务影响。这些措施更有效，因为它们保护了公司的命脉——人才、经验、奉献精神和人心，这些构成了一个有使命的人类组织的核心。

发挥人的魔力

当我在 2012 年 9 月加入百思买时，公司刚刚经历了 6 个月的紧张局势，气氛十分紧张。前任 CEO 因卷入丑闻被解雇。临时 CEO 也走了，现在我这个不为人所知的局外人加入公司。公司股价暴跌。创始人迪克·舒尔茨刚刚发起了将公司私有化的攻势。一篇接一篇的文章预言，百思买会像消费电子零售商电路城一样死掉，无法经受住市场变化和低成本的在线竞争。2012 年 10 月，《彭博商业周刊》的封面上出现了一个穿着百思买蓝色衣衫的僵尸。

尽管百思买拥有大量勇于担当的人才，但员工的担心和士气低落是可以理解的。

在扭亏期间，首要任务是创造出拯救一家垂死企业所需要的能量。这意味着得快速想出一个好的计划，让每个人专注于清晰、简单的优先事项，使公司环境紧张又安全。这也意味着以乐观的态度创造紧迫感，并起到立竿见影的作用，哪怕是微小的改变。这就是我说的"让组织处于紧张状态"。下面就是我们为创造公司扭亏为盈所需要的能量而采取的措施。

共同确立一个足够好的规划，不一定要完美

在我开始工作后不久，董事会就明确表示，我们需要在 11 月 1 日之前制订一份计划。[2] 这给了我们 57 天的时间。"真是疯

了！"阳狮集团CEO莫里斯·莱维说。他的团队为我提供企业沟通方面的建议。他认为这是不可能的，而且这么做非常危险。

在我职业生涯的早期，在麦肯锡工作的时候，我接受训练诊断企业和制定长期战略，其他人就会执行这些战略。这种在20世纪六七十年代发展起来的传统战略规划方法仍然有效。高层的一些聪明人应该提出一项战略和长期规划，然后由下层人员执行。

8周的时间确实不足以采取这种方法来制定战略规划，但对我来说没有问题，因为随着时间的推移，这种方法会有很多问题。首先，它可能无法捕捉到那些更了解成功所需细节的人的见解。其次，如果员工没有参与制订计划，他们通常不喜欢被告知该做什么。

我们的最后期限并没有让我感到困扰，因为根据以前的经验，我知道，扭亏为盈方案不是长期规划，至少一开始不是。这种方案主要用于识别驱动企业表现的因素，改进运营，最终确立切实可行的行动方案。"运营的进步创造战略自由度"，这是我在卡尔森董事会时从CEO嘉吉身上学到的。我们不需要长期战略。我们需要一个规划来"止血"，并迅速、切实地改善我们的运营表现。做到这样，8周时间足够了。在8周时间里，我们至少可以确定我们必须解决的问题和大方向，然后开始行动。

这时，不需要有自上而下的大战略。为了想出拯救公司的办法，每个人都得撸起袖子加油干。在一系列为期两三天的研讨会中，来自百思买各个部门的 30 人聚集在百思买总部 1 楼会议室想办法。

我们是怎么做的呢？从让-马利·狄卡彭特里的"人员→业务→利润"开始。我们讨论了员工折扣，观看了我去圣克劳德在餐巾纸上所画的门店平面图。我们研究了定价，找出了运营中的差距和瓶颈。在这些紧张的研讨会中，我被大家称为骆驼，拒绝喝水、喝咖啡的休息时间。

在最后期限之前，我们制订了扭亏为盈计划。

我们还得给这个计划起一个名字。多年来，我了解到一个计划需要有名字才能存在于组织的集体头脑中。我让每个人用一个晚上思考一个可能的名字。第二天，我们聚在一起，在一张挂图上写了大约 30 个可能的名字。经过投票后，我们决定用"蓝色复兴"这个名字，它不仅传达了真实的意图，而且很有吸引力。

在向投资人呈递"蓝色复兴"计划之前，我确保我们得到我们广义上的领导团队——百思买运营委员会的支持，该团队包括最资深的 150 人。除非我们每个人都"全身心投入"，否则，很难成为一个很好的计划。

11 月，我们将"蓝色复兴"计划呈递给投资委员会。我们不仅介绍了我们想为股东实现的目标，还包括想为员工、客户、供应商以及周边社区实现的目标。虽然公司陷入严重的困难，但是我们的方案是为了照顾所有利益相关者。没有"非此即彼"，也没有体现出弗里德曼的原则。

虽然我们的计划不完美，但是已经足够好了。对内部，它提醒每个人：我们擅长什么，我们的劣势是什么，并围绕客户、员工、供应商、股东和社区列出了一套清晰的优先事项。这个计划为我们指明了前进的方向，使我们继续前行。

轻装前行

一个好的计划是我们产生动力和希望，并让人们参与进来所需要的。快速做出决策，比如同步线上和线下门店价格，恢复员工折扣，是至关重要的。它激发了人的魔力，创造了一种可能性和希望。区分伟大领导者和优秀领导者的不是决策的质量而是决策的数量。决策越多产生的动力和能量越多。虽然这些决策并不都是好的，但是如果你会骑自行车，你就知道，当你向前蹬车时纠正路线要比你站着不动容易得多。

除了通过决策创造动力，明确什么是最重要的，并突出重点也能释放能量。复杂会产生疑惑，产生压力，并埋下惰性。我从自己在圣克劳德的拜访中了解到，以百思买的门店经理为例，他们被要求关注许多指标，以致他们只见树木，不见森林。想象一下，当他们听到我说公司只有两个问题——收入下降和利润下降时，他们会有何反应。不是 40 个关键绩效指标吗？这是个好消息。仅仅解决这两个问题有多难？每个人必须把他们的目光、智慧和精力集中在这两个问题上。是什么阻碍了我们收入和利润的增长？我们会先解决最大的问题，然后再关注其他问题。

我前面是不是说过关注数字并不鼓舞人心？公司的使命不是为了赚钱？是的，我的确说过，但这并不意味着要忽略数字。利润不仅是一种自然的结果，也是一种必然的结果。当公司奄奄一息时，你必须为公司止血。我们在给公司止血的同时，也在逐渐成长为一家使命驱动型公司。甚至早在 2012 年，在我们提出通过技术丰富生活这一使命的前几年，我们就围绕利益相关者制订了计划。当说到技术时，我们希望成为消费者心中的首选购物场所和技术权威。

当我们专注于生存时，随着时间的推移，衡量这两个问题（收入和利润）将告诉我们，作为一家企业，我们是否能够生存下来。它会让我们在前进的过程中把握企业生存的脉搏。这就是我们衡量进步的方式。我们要确认公司哪些地方改善得最多，哪些人进步得最快，然后从进步中学习。

创造积极的环境

紧迫感和清晰感有助于将组织置于（有成效的）紧张状态下，同时创造一个积极的环境。没有人能在严重的压力下或在恐惧的驱使下做出最好的表现。创造乐观、活力和对未来的信心是从我开始的。无论发生什么事，我必须积极向上保持乐观。还在卡尔森的时候，我记得在漫长的一天结束后，我感到筋疲力尽，因为我要参加一个有数千家酒店加盟商参加的会议。我得当场做决策，但并不觉得累。在实施"蓝色复兴"计划的早期也是如此。我必须决定自己要怎样表现。每一天都是如此。

我们一有机会就庆祝胜利。马特·福尔曼领导的沟通团队，积极搜索和分享好消息。看，我们在芝加哥有增长！看，我们的小型家电做得多好！在每一次团队会议和公司会议上，我们都会强调哪些工作进展顺利。这一切向整个队伍传递了一个极好的信息。

我们对我们的投资者也采取了同样的方法。在 2012 年 11 月的报告中，我们强调了百思买的强大优势，比如以创新驱动我们在消费电子市场的增长，以及我们在消费电子市场销售额占比最大的事实。同时，我们也不粉饰我们的运营挑战，从平庸的客户满意度到乏善可陈的在线销售，这给财务收益造成了很大压力。

在整个扭亏为盈的过程中，我们不断分享我们的胜利。例如，在 2013 年初，我们试着从 50 家门店给网购发货。这最初只是尝试，对财务没什么影响。但是我们的首席财务官莎伦·麦柯勒姆在与投资人的对话中不断提出来，解释为什么这很有意义。随着时间的推移，这种尝试在我们的门店生根发芽，最终大大促进了网上销售。

然而，看到光明的一面，散发出正能量，庆祝胜利并不意味着要掩盖不好的事情。还记得艾伦·穆拉利和他的"红-琥珀-绿灯系统"吗？福特公司面临破产，但所有的灯都是绿色的，显示一切顺利。为了拯救公司，坏消息的传播速度必须至少和好消息一样快。如果你不知道问题在哪里，就无法解决问题。

积极的态度和承认挑战都是必要的，但两者都不能占主导地位。当我们制定"蓝色复兴"战略时，我们战略部门的一位聪明的员工制作了一份 300 页的幻灯片，突出了所有我们必须解决的熟悉的问题和挑战。报告的结论是百思买注定会失败，意思是如果你不能将挑战转化为扭转局面的可能和一线希望，那你就没必要带领公司扭亏为盈。我决定不去理会幻灯片上的悲观预测。

透明化，鼓励脆弱

在我们准备"蓝色复兴"战略时，我们面临一个两难境地。我们是否应该将计划保密到 2012 年 11 月的投资者报告会？我们是否应该在公司内部分享，获得反馈，确保每个人都参与进来？百思买是一家上市公司，任何泄露给媒体的消息都会影响股价。我们应该选择恐惧和怀疑吗？还是我们应该相信自己的员工？为此，我们的管理团队出现了分歧。过去曾有过一些破坏性的消息泄露给媒体，但我相信泄露的风险远远小于我们的员工不知道扭亏为盈计划的风险。在投资者报告会的前三周，我们召集了150位经理，分享了我们的计划草案。我们说得很清楚，我们将要分享和讨论的内容是高度机密的内容。我们得到了有价值的反馈和支持，最终零泄露。

在整个扭亏为盈的过程中，我们在百思买内部以及和股东公开讨论了我们的处境、我们的优先事项、我们的机会、我们的挑战、我们的进展，以及我们的"说/做"比例。这给我们的团队注入了活力，推进了问责制。

我们也不害怕寻求帮助。在我成为 CEO 三个月后，我请来了我的教练马歇尔·古德史密斯。在实施扭亏为盈计划的过程中，我向我的团队寻求反馈。我和他们分享了我想在哪些方面做得更好，包括更好地授权。我没有装作知道所有问题的答案，也没有假装自己很完美。我从来到百思买的第一天就开始寻求帮助，也得到了帮助，无论是在圣克劳德门店，还是与高管团队一起工作时。

作为一家公司，我们必须步调一致。如果我们想要生存下去，就必须利用他人的优势，寻找合作伙伴。这就是我们与供应商的合作方式，正如我在第六章中所讨论的。这就是为什么我们向其他供应商，如埃森哲、IBM 和快递公司 UPS（联合包裹）寻求临时折扣。我们不害怕寻求帮助，我们也得到了帮助。

这向公司内部发出了这样一个信号：任何人都不应该害怕

脆弱。没有人应该害怕寻求帮助。没有人应该觉得他们必须假装自己是不可战胜或者完美的，因为我们都是人，正是在脆弱中，我们团结并释放了集体的力量。这就是我们团结起来的方式。这就是我们与顾客、供应商、社区和股东的联系方式。这就是有目的的人类组织的组成方式，无论是疾病还是健康，顺境还是逆境。

· · ·

2013 年 1 月，也就是实施"蓝色复兴"战略两个月之后，我们报告了 2012 年 11 月和 12 月的销售情况。上一个季度的业绩是一场灾难，但是我们有好消息宣布，与去年相比，我们的同期销售额持平。

销售额持平！真是振奋人心！这远远好于分析师的预期。这说明我们已经止血了。市场开始好转了，股价开始回升。我们已经渡过难关。百思买内部的情绪变化是显而易见的。我们继续执行我们的扭转计划，一切顺风顺水。

时至今日，许多百思买员工告诉我，我们实施"蓝色复兴"战略的那几年是他们职业生涯中最美好的时光之一。我们众志成城，那种能量令人振奋。我们一起渡过难关，当我们实现所有的期望时，我们兴奋不已。我们本来是会倒闭的，但即使是现在，经历过的人也记得我们只有两个问题——收入下降和利润下降，我们都解决了。

"蓝色复兴"战略实施期间在百思买发生的事情，我称之为人的魔力。当公司里每个人都被激发起来，每个人都齐心协力取得比他们想象中更多的成就时，就会发生这种情况。人的魔力会导致非同寻常的良好表现。

成功地建立一个有使命的人类组织——无论是在繁荣时期，还是在转型时期——都需要这种魔力。

我们通过创造一个日常的工作环境来释放人的魔力，在这里能感受到全身心的投入。这将是第三部分要讲到的内容。

本章思考

在困难时期，你如何处理与人的关系？

始于人：

• 如何保持与一线人员的联系？
• 如何建立优秀的高管团队？

终于人：

• 你将如何优先考虑收入增长和成本降低？

- 在削减非工资支出和创造性管理福利方面，你看到的最佳效果是什么？

唤起人的魔力：

- 如何创造魔力？
- 在多大程度上以及如何让他人参与制订计划？
- 如何创造一个积极的环境？其作用如何？
- 如何评价自己每天的工作表现？
- 你想做到多透明？你用什么方法进行广泛的交流？

总结：

- 在扭亏的情况下，有什么方法能特别有效地提升业绩？
- 你想在哪些方面变得更好？你应在哪些方面有所投入？

第三部分

释放人的魔力

旧的管理方法——几个聪明人制定一套战略，精心设计一个详细的实施计划，然后把计划传达给每一个人，并围绕这个计划采取激励措施进行动员，现在几乎不管用了。第一部分讨论了我们为什么工作，第二部分将公司定义为有使命的人类组织，第三部分将提出如何替代过时的管理方法。我们列出了释放人的魔力的几个要素。通过创造一种环境，让公司的每个人都精力充沛地支持公司的宏伟事业，这些要素提升了公司员工的参与度，再加上良好的战略，公司就会有非凡的表现。这就是从人的维度，使公司成为有使命的人类组织。

第八章

抛弃胡萝卜加大棒思维

胡萝卜加大棒措施是无处不在而且十分有说服力的激励方法。
但是如果你把人当驴对待，他们的行为就会表现得像驴一样。

——约翰·惠特默,《高绩效教练》

1986 年，百思买创始人迪克·舒尔茨正面临严峻的挑战。这家他 20 年前创立的公司受到了底特律消费电子连锁店高地超市的冲击。高地超市是当时美国第二大电子产品零售商，在百思买明尼阿波利斯的地盘上开设了门店，并且以极低、不可持续的价格销售产品。

在此之前百思买曾两次濒临破产，这次又到了生死攸关的时刻。迪克认为，高地超市的规模大得多的，可以承受一段时间的亏损，正千方百计地让百思买破产。

在危机模式下，迪克聚焦一个问题：百思买如何能够改变竞争环境？答案似乎是取消销售佣金，也就是供应商给推销其产品的销售人员的奖金。

迪克希望销售人员专注于尽可能向客户提供最好、最客观的建议，而在销售佣金制度下很难做到这一点。那时候，百思买和其他公司一样，销售人员的主要报酬是佣金。毫无疑问，客户讨厌佣金。他们觉得销售员推销的是那些佣金最高的品牌，不管这些产品是不是消费者所需要的。

迪克有过取消佣金，按小时给销售人员发工资的想法，但是他说："这么做几乎是异想天开，更别提怎么实施了。"[1] 事实上，这么做风险相当大。当时，百思买1000名员工中，有一半的人在他们的整个职业生涯都是拿佣金工作的。这种销售方式无人质疑。迪克不想破坏公司的士气，扰乱门店的运营，最糟糕的是惹恼员工，那样百思买可能失去最好的员工。

同时，取消佣金制度将使消费者受益，这可能会使百思买从竞争中脱颖而出。届时，百思买的员工就会成为商品销售的推动者而不是产品供应商的事实代理人。库存将从隐蔽的库房转移到门店的门脸层，所有的消费者都可以看到有什么货可买。门店本身将变得更像仓库，水泥地板、金属货架和荧光灯照明的大灯箱，重点将不再是推广特定的品牌，而是为顾客提供有价值的服务。

员工奖励反映的是门店或地区的业绩，而不是个人成就。同时，希望成为经理的销售人员将获得一条从公司内部晋升的渠道，并获得更高的基本工资。

1988 年，迪克准备在中西部的 7 家新门店试行这个被称为"2 号方案"的想法。试行成功了。实行新方案门店的销售额非常高，促使公司将"2 号方案"扩展到其他门店。最终，这些门店的销售额是那些给佣金的门店的两倍。

迪克赌赢了。"2 号方案"拯救了百思买，并给百思买带来了多年的良好业绩。1999 年，在我执掌威望迪环球电子游戏部门期间，我第一次以供应商的身份去了解百思买。当时，它给我的印象是最成熟和最以客户为中心的消费电子产品销售公司，是由优秀人才推动的公司。

此时的高地超市呢？倒闭了。

迪克·舒尔茨先于我们大多数人意识到，在今天的经济中，金钱激励驱动不了业绩。胡萝卜加大棒的做法实际上往往适得其反。金钱激励仍然会起作用，但别指望它们可以激励人。

金钱激励不再驱动业绩

令人惊讶的是，当今金钱激励仍然被广泛地用于激励人们。世界各地的人力资源团队花费大量的时间、资源和精力来设计和实施这样的激励计划。

在我职业生涯的大部分时间里，我也相信金钱激励机制。2008 年，我担任卡尔森集团 CEO 后的第一个决定是帮助高管设计一个长期的激励计划，而且与我们希望创造的价值挂钩，用经济绩效推动公司发展。

2015年，我偶然看到丹尼尔·平克关于什么是驱动力的演讲。[2] 平克引用了麻省理工学院的一项研究，这项研究让一组学生进行了各种智力游戏和身体挑战。为了激励学生的表现，项目组根据他们的表现好坏，提供了三个级别的现金奖励。当涉及基本的认知技能时，奖励越大表现越糟糕。

研究结果如此令人困惑，以至于进行这项研究的经济学家决定重复这个实验。也许他们提供的现金奖励不足以激励麻省理工学院的学生。于是他们在印度农村进行了同样的实验，现金奖励金额相当于当地两个月的工资，实验结果如出一辙。

经济学家、心理学家和社会学家已经多次得出同样的结论。任务越复杂，越有创造性，产生相反效果的动机就越多。这种动机会缩小我们的焦点和想法。而对于复杂、有创造性的任务，我们需要的则恰恰相反——我们的思维越开阔，越能跳出惯性思维模式，就越能产生好的结果。[3]

听了丹尼尔·平克的话，我大吃一惊。这些结果，虽然得到了进一步研究的支持，但与我所学到的一切背道而驰。它否定了我曾经工作过的每一家公司精心制定的激励机制的基本逻辑，其中许多是我参与设计的。怎么会这样？我们古老的资本主义制度不就是建立在金钱驱动的信念之上的吗？

在过去几十年，我已经几乎把金钱驱动当成常识。有时候，我甚至做实验分析金钱怎样驱动业绩。最近，我与另一位 CEO 一起吃晚餐，问他是否认为金钱激励可以驱动业绩。

"当然可以驱动！"他大声说道。

然后我问他，就个人而言，金钱激励是否会促使他发挥出最佳水平。

"当然不会！"

如果金钱激励不能激励我们自己，为什么我们会认为它们能激励他人？我认为金钱激励存在以下几个问题：

- 已经过时；
- 被人误导；
- 具有潜在危险并且有害；
- 无论如何都很难起到激励作用。

下面我将一一详细说明。

金钱激励已经过时，

因为它是针对不同类型的工作设计的

弗雷德里克·泰勒的科学管理原理基于这样一个前提：工作是实现自身价值的一种乏味且令人不愉快的方式，激励没有积极性的劳动的唯一途径就是金钱。的确，激励带来的焦点缩小到只有金钱，尽管不利于创新和横向思维，但是有助于加快完成简单的任务。

泰勒的观点在很大程度上影响了 20 世纪的薪酬制度和更广泛的管理实践。20 世纪六七十年代形成的长期战略规划都源于一种类似的世界观——员工需要胡萝卜加大棒策略来执行由聪明的高管专业人员设计的战略，然后转化为计划，形成目标，结合经济激励，以及一套衡量员工在这些目标下表现出的如何控制和服从的体系。

因此，企业建立了整套金钱激励、奖金、佣金和其他财务奖励措施来激励员工。但问题是，如今人们的工作已经发生变化。

金钱激励被误导了，

因为它关注的是员工是否服从，而不是他们的工作投入程度

即使奖励与重复性任务相关联，并且似乎能够激励更多更快的生产，它也有严重的局限性。胡萝卜加大棒的政策无法长时间改变人的行为，更不要说永久改变了。奖励和惩罚被心理学家称为"外在激励"，它们不会从根本上驱动或改变人的行为，无论是试图减肥、戒烟，还是改变工作方式。

工作的动力和投入程度来自内心燃烧的火焰，胡萝卜加大棒的政策燃不起内心的火焰，反而会主动掐灭内心的火焰。[4]

经济激励可能是危险且有害的

我在 EDS 法国分公司当总裁时，EDS 与法国一家大型连锁百货商店的子公司签订了一份合同。这笔交易看似金额会达到数百万美元，是个巨大的成功。不幸的是，团队低估了挑战，同时高估了公司兑现承诺的能力。虽然我们最终完成了这个项目，但是我们在那个项目上亏了钱。由于商业的性质，我们花了几年时间才意识到最初的财务预测实现不了。

现在回想起来，我认为是 EDS 的激励机制造成了这个问题。销售团队达成这笔交易的高额佣金基于他们谈成的项目的估值。这就激励销售人员做出不一定能实现的承诺和预测。

这样，激励就会变得有害。公司用绩效薪酬来激励员工，员工就会试图隐瞒错误或缺点，而不是寻求帮助，将挑战视为学习和成长的机会。如果进一步推动，激励可能会导致明显的不当行为。

此外，同时出于自我利益和道德动机的努力往往会失败，因为动机发出的信号是，我们的行为是出于自身利益，这违背了亚当·斯密所说的"道德情操"。[5]

金钱激励很难奏效

很多公司和领导者继续花大量的时间和资源来设计一套完美的激励机制。在过去 30 年里，我确实有过很多这样的经历，首先是作为管理顾问，然后作为多个行业的多家公司的 CEO 或董事会成员。

然而，当环境发生变化时，复杂、理应具有弹性的机制很快就变得无关紧要。我在私有企业卡尔森当 CEO 时，人力资源团队和我一起辛辛苦苦制定了一套能够反映上市公司现状的机制。这套激励计划自 2008 年启动，几个月后，经济衰退使这个精心设计的计划形同虚设。

还有时间上的挑战。从飞机制造到能源和制药等长周期运营的公司都面临管理层和业绩表现相脱节问题。激励是基于一年或最多三年的业绩来兑现的，但这些业绩大多反映的是 5 年、10 年甚至 15 年前的决策。

人是来源，不是资源

尽管如此，激励仍然是有用的——只要我们不再相信它们能够激励员工和动员组织。例如，与公司业绩挂钩的奖金是与员工（不仅仅是股东）分享良好财务状况的有用工具。激励也可以表明什么是最重要的。在 EDS 法国分公司时，我改变了公司的奖金制度，这一制度只基于公司的利润情况。我想让大家明白，当我按"人员，业务，利润"进行排序时，我是认真的。新的奖金是根据这三部分计算的，而且是同等权重。

第一，"人员"部分包括流动率、敬业度、是否进行绩效评估，以及这种评估是否及时。

第二，"业务"部分反映了我们的客户满意度、客户流失等情况。

第三，"利润"反映的是公司的经营结果。

"你确定你真的要这么做吗？"负责 EDS 欧洲中东和非洲业务的大卫·索普问道。他担心的是即使在财务状况糟糕的情况下，也要发放奖金。我告诉他，我不担心。如果我们在人员和业务方面做得很好，那么利润自然会好。在激励机制中引入新的衡量标准，可以确保人员和业务得到更多的关注。新的激励机制起到了有效的宣传作用。

当我于 2012 年加入百思买时，公司高层各自为战的状况十分严重。我们迫切需要让每个人关注整体而不只是他们自己负责的部分，所以我们改变激励机制来传达一个明确的信号——根据百思买的整体表现，管理团队中的每一个人都将获得相同的奖金。奖金的计算也明确提醒了每个人在"蓝色复兴"计划中的优先事项——提高总营收额、推进电子商务、提高客户满意度和全面降低成本。

我们绝不相信，有人会因为奖金而早起，一边开着车一边想如何获得尽可能多的奖金。所以，百思买过去有，现在仍然有激励机制。但其目的不再是刺激员工，而是沟通和分享业绩收益。

• • •

如果激励措施不能激励人们做得更好，那什么可以呢？是什么释放了人的魔力，为第二部分中所讲述的有使命的人类组织提供动力呢？

这源于一个基本观点的改变：将人看作一切的来源而不是资源。必须将员工视为追求共同使命的个体，而不是公司的"资产"。每个员工都有自己的动机和目标，而不是完全由金钱来驱动的人力资本。现在是时候放弃驱动集体劳动力的做法了，而要通过与每个人息息相关的事情来激励员工。释放人的魔力意味着创造一个让个人茁壮成长的环境。如果员工所做的事情与他们自己息息相关，而且是他们认同的，他们就会克服困难，把他们的能量、创造力和情感都投到工作中。

在百思买，我领略到了这种观念转变带来的实际影响。我认为创造这种环境需要以下 5 个要素：

• 将个人追求与公司的崇高使命联系起来；

• 建立真正的人际关系；

• 培养自主能力；

• 发展精进能力；

• 培养成长环境。

后续章节将逐一探讨这些要素。

本章思考

- 你认为金钱激励会刺激人们表现得更好吗？它们会激励你吗？

- 你的公司是如何利用激励措施的？其优先事项是什么？

- 你的驱动力是什么？

第九章

要素一：连接梦想

导师一：你跳舞时的感觉是什么？

比利：说不好。可以说感觉很好，身体有点僵硬，但是

一旦我开始……我就喜欢上了，忘记了一切，而且……

有点沉醉其中，感觉整个身体都变了。

身体的焰火已经点燃。我就在那里，

像鸟儿一样飞翔，如电一般。是的，如电一般。

——比利·艾略特

"你的梦想是什么？"

杰森·卢西亚诺是波士顿南部多彻斯特南湾百思买门店的经理，他问了团队中的每一个人这个问题。每个人的答案都写在休息室的白板上，就写在他们的名字旁边。写下之后，杰森总会告诉他们："让我们一起努力来帮助你实现梦想。"

2016 年，我参观了百思买南湾店，当时正是"打造新蓝"战略开始的时候，没人知道我要来。这样的临时访问有助于我与一线门店保持联系，了解门店状况。正如莎莉·巴拉德——百思买杰出的零售总裁，2019 年卸任——几年前告诉我的，我们不能够在办公室靠电子表格来领导像百思买这样的公司。

在我来之前，我就知道南湾的门店经营得很好。我很想知道他们是怎么做到的，有什么是其他门店可以借鉴的。结果就是因为一个简单的问题——"你的梦想是什么"，杰森受到了在该地区推行这种方法的地区经理的启发，他针对每个答案所采取的措施很大程度上解释了门店为什么能成功。通过找出是什么在驱动团队中的每一个人，他真正地让他们每个人有了梦想。但他真正的天才之处在于找到了一种方法，将他们的梦想与公司的目标联系了起来。

他告诉我有一个女员工的梦想是能够住进自己的公寓。从根本上驱动她的是寻求独立。如果仅仅是拿着手机部门的时薪，她很难买得起自己的住房。于是他们一起为她制订了一个获得晋升主管或经理助理的计划。要怎么做呢？需要哪些技能才能够获得晋升呢？要怎样才能够帮助她实现呢？

在经理和团队的支持下，这位年轻的女员工变得越来越自信，帮助提高了所在部门的业绩，鼓舞了同事。当计算机部门的领导职位空缺时，她得到了这个职位。最终，她实现了她的梦想，拥有了自己的公寓。

百思买门店经理致力于帮助他的团队的每个成员实现他们的梦想，这非常了不起，如此近距离的见证真是令人难以置信。这给了团队能量，再加上他们的技能，推动门店有了卓越的表现。通过技术丰富顾客的生活从而使员工的生活得到丰富，因为门店经理帮助他们看到了这如何与他们的梦想关联起来，无论他们的梦想是什么。他们知道使命和人之间的关系——门店经理和每个团队成员，以及员工与同事、客户、供应商、社区以及股东的关系是商业的核心。

致力于公司所代表的价值观，因为它是你每天早起的原因，是公司参与度的重要组成部分。因此，从高管到门店经理，每个团队成员都要清楚地表达个人目标和公司使命之间的联系，这是任何领导者最重要的角色之一。就像 2000 年的电影《舞动人生》中，旷工的小儿子比利·艾略特被问及跳舞时的感觉所说的如电一般的感觉。如果你像我一样受过数据和分析方面的教育，你可能会觉得这不靠谱。在我职业生涯早期，我也会这么认为。但这样确实有效。我在百思买见证了这种联系，也看到了一些人所说的不可思议的奇迹。这创造了"爱的品牌"以及企业和它服务的人之间持久的情感纽带和忠诚。

人性将个人目标与集体目标结合在了一起。大多数人都想为别人做点有意义的事情。当一家公司努力做有意义的事，帮助他人时，个人动力与公司崇高使命之间的联系就很容易建立起来。

越来越多的商界人士对此表示赞同。但在实践中该如何操作呢？我们该如何培养并维护这种联系呢？

对于百思买的员工来说，这是一个迭代过程，一直延续至今，包括以下内容：

- 明确阐述以人为本的理念；
- 探索是什么驱动你周围的人；
- 抓住重要时刻；
- 分享故事并鼓励榜样的作用；
- 以一种有意义、人性化和真实的方式设立公司使命；
- 传播意义。

明确阐述以人为本的理念

2012年8月20日，星期一，也就是我被任命为百思买CEO的那天，我向聚集在公司总部的大约500名董事和高管讲话。我告诉他们我很高兴加入百思买，并分享了我对公司业务的看法以及我对扭转公司现状的信心。我还和他们分享了我的"人员→业务→利润"的管理理念，利润是结果也是必需的，但不是目标。我说出了我的信念，公司的目标不是赚钱，而是为人们的生活做出积极的贡献。

尽早阐明并经常强调这些观点十分重要，这样它们就会在组织中扎根、成长，并为每个人创造成长的环境。

莎莉·巴拉德很擅长对百思买的 12.5 万名员工说他们每个人都很重要。她反复强调，公司的规模无关紧要，但我们的每一次服务都会触及人们的生活。莎莉会鼓励门店经理和员工像对待家人与朋友一样对待顾客。你将如何帮助你的父母或者姐妹选一台新电视？"我从一开始就爱上了这家公司，"她说，"我们一起为他人服务，在履行一项对人们的生活至关重要的使命。"

过去几年每一次重要的会议都强调，个人及其成长是企业的核心。这种个人目标，以及百思买通过技术丰富顾客生活的使命是每一次会议的核心。"我就是百思买"是 2019 年假日领导会议的主题，会议聚焦于每个人是如何为公司做贡献的。

2020 年 3 月，就在我宣布将辞去 CEO 之后，距离第一次在总部大厅开会过去快 8 年了，我收到了加州一位家庭顾问阿尼的消息，他感谢我在百思买工作这些年，一直在阐述做自己、服务他人、找到自己的目标。他告诉我，这对他的工作和生活都很有帮助。他的感激之词深深地打动了我。他也让我意识到，受这些信念感动的人远比我想象的要多。

探索是什么驱动你周围的人

我在波士顿南湾门店看到了激励是如何发挥作用的，也看到了其他情况。在高管团队的静思会上，我们分享了各自生活中的故事，激励我们的因素使我们彼此联系在一起，加深了我们对公司使命和我们个人之间的联系。我还记得在我面试卡尔森公司CEO时玛丽莲·卡尔森·尼尔森对我说："跟我说说你的灵魂。"她想知道我的动力是什么，以及这是否与公司的宗旨和价值观相一致。我分享了我在洛约拉学到的东西，讲述了精神生活的重要性，我是如何一步步发展的，以及我对利润和企业目标的看法。我们正坐在从巴黎飞往明尼阿波利斯的飞机上，9个小时的航程，这给了我们足够的时间来探讨这个问题。

几十年来，"残酷的商场"一直是公司的价值导向，现在是时候寻求商业的意义了，这源于每个人自己的目标，以及个人目标是否与公司的使命一致，二者如何达成一致。

抓住重要时刻

在我担任百思买CEO期间，很少有时刻能像飓风"玛利亚"摧毁波多黎各时那样有意义和有影响力。

从陆地上看，一开始很难了解飓风的破坏程度。事实上，飓风已经摧毁岛上的电力和通信基础设施，房屋被吹倒或被洪水淹没，无法修复，医院无法运行或人员已被疏散。飓风过后的第二天早上，佛罗里达负责波多黎各的区域经理戴维安·阿尔塔米兰达还完全不知道这些，他照例在上午9点与波多黎各三家门店的经理发起电话会议——对于这种电话会议，经理们从不缺席。当没有人参加会议的时候，戴维安很担心。百思买在波多黎各岛上的门店和配送中心一共有大约 300 名员工，一开始我们找不到他们中的任何人。他们在哪里？他们还好吗？

我们的队伍立刻行动起来。首先，我们必须想办法联系到每个人，确保他们安全。在某些情况下，我们让员工去找到他们的同事，并向社区发布消息，以了解是否所有人都安然无恙。逐渐地，我们联系上了每个人。但那并不意味着他们安然无恙。他们中有些人失去了家园和所有的财产，他们没有生活所需的足够的食物和干净的水。有一个百思买员工已经怀孕 7 个月，并且患有 I 型糖尿病，她无法使药物保持低温。我们从电视上可以看到，大量的救援物资正在被运往波多黎各，但是那里的同事告诉我们，他们没有看到任何救援物资，他们逐渐变得绝望。

戴维安给百思买负责东南地区的副总裁艾梅柏·卡尔斯打电话说："我们得做点什么。"

"你想怎么做？"艾梅柏问。港口还没有开放。

"我需要一架货机！"戴维安说。

"好的，"她毫不犹豫地回答，"让我们看看能怎么做。"

艾梅柏得行动起来了。"我如何能租到私人飞机？"她问老板，"用我的信用卡支付吗？"

几天之后，戴维安和他的团队带着第一批紧急物资抵达。

200 多名员工在圣胡安门店等着迎接他们，许多人还穿着百思买的蓝色衣衫。戴维安情绪激动地站在门店临时搭建的平台上告诉员工，公司没有忘记他们。

每个员工都得到了 200 美元用来买应急用品。飓风过后的四周，我们继续给员工发工资。尽管门店关了，但我们预付了每个员工 1000 美元，作为应急费用。然后，我们继续向在社区内自愿帮助重建岛屿的员工支付报酬。

飞机载着 70 人返回大陆，其中包括选择撤离的员工及家属。我们把他们重新安置在佛罗里达当地的门店工作。

这架飞机总共飞了 14 趟波多黎各，里面装满了尿布、水和食物，7 次载员工返回大陆，包括那位糖尿病孕妇同事。慢慢地，我们帮助我们的员工重新振作起来。反过来，他们也给了百思买极大的回报。

飓风过去三个月后，100 多名购物者在百思买刚刚修复的圣胡安门店前排队，等候开门。乐队为剪彩庆典演奏了欢快的乐曲。我们的员工以热烈的掌声迎接第一批进门的顾客。这家店的开业可能是失败的标志，因为错过了黑色星期五的销售旺季。

但我太高兴了。飓风"玛利亚"过后仅仅三个月我们就开始营业，这是一个关于恢复力和企业价值的案例。不到一年，岛上的三家店和我们的配送设施都重新启动了。值得注意的是，每家门店的年销售额同比增长 10%~15%。

业绩表现竟然出奇好。但在我看来，我们公司的员工如何帮助彼此平复一夜之间失去一切的创伤才是真正的成就。我们的队伍在波多黎各取得的成就是我担任百思买 CEO 期间最引以为傲的事情之一，尤其是在我几乎没有直接参与的情况下。这是大家齐心协力的结果。"当我们说百思买是一个大家庭时，我们是认真的，"艾梅柏·卡尔斯说，"只要你是百思买的员工，无论怎么样，我们都会帮助你。"对戴维安·阿尔塔米兰达来说，在员工需要的时候伸出援手才正是百思买的精神所在。

抓住机会，并放大它的效果。在第二年的假日领导力会议上，我们播放了一段影片，从我们在波多黎各的员工和大陆组织救援的人的视角对这次灾难进行了回顾。我们想确保传达了我们作为人和想要成为一个组织的本质所在。我们在百思买所做的事情让我们对每个人都有了明确的目标。我们一直说以人为本，波多黎各的事情表明，这些不仅仅是说说而已。我们的员工也在行动中看到了公司目标以人为本的一面（实际上有很多面）。公司目标成了我们可以创建的平台。

分享故事并鼓励榜样的作用

我们的大脑是通过讲故事联系起来的。叙事给了我们一种分享经验和人性化的感觉。我们很自然地在故事中发现意义和灵感。讲述日常生活中的故事——员工、客户、社区的故事，以及他们之间是如何影响彼此的生活——可以培养目标感，并在为谁工作和与谁共事中建立联系。

在任何公司都可以通过最简单的方式做到这一点。百思买会通过博客收集和发表这类故事：百思买员工为坏掉的玩具霸王龙做手术（第三章）；百思买员工帮助无家可归的退伍军人和因加州大火陷入贫困的家庭；百思买父子同心等。这些都是将公司目标和具体实施联系起来的例子。

我发现榜样的作用也很有帮助。详细地分享有意义的工作经验，并阐明其与公司目标的联系可以在组织内部培养一种共享意义感。[1] 榜样还为员工创造了一个肥沃的环境，让他们确立自己的目标，这非常重要。即使现在，百思买仍在深入开展"打造新蓝"的战略活动，每一次会议都从树立榜样开始。员工们讲述他们自己的故事，说出为什么这些故事对他们十分重要，以及这些故事是如何适应公司目标的。

我们公司的聚会上大家都会分享来自工作或公司博客上充满人情味的故事。有一位高管自 18 岁开始做门店经理，在假日领导力会议上他讲述了在百思买 24 年的职业生涯中建立的人际关系是如何以及为什么让他有了使命感。我们在一个视频中看到一位有听力障碍的顾客，他非常感激我们雇了一名懂手语的员工。还有家庭顾问的故事，她通过在一名残疾妇女的房子周围安装声控电灯开关和门锁改善了她的生活。

这看起来像是公司的宣传。但是这些故事时刻提醒百思买的每个人，公司的使命是什么，每个员工该如何为这个使命努力，以及它给人们的生活带来的变化。保持这种联系对用户黏性至关重要。

以一种有意义、人性化和真实的方式设立公司使命

总部位于明尼苏达州的医疗设备公司美敦力就是一个很明显的例子，该公司以一种有意义和真实的方式构建其使命。该公司多年来由我的朋友兼邻居比尔·乔治领导，他在 1960 年写了《真北》一书。[2] 美敦力的使命是通过生物医学工程的应用，减轻人的痛苦，恢复人的健康，延长人的寿命，从而改变人的生活。如果美敦力的员工忽略了他们的使命，只要看一下公司的标志——一个从躺着变成站立的人体——就能立刻意识到公司的使命。

一个有意义、真实的使命不局限于那些从事拯救生命事业的公司。"有意义"指的是以某种对员工重要的方式改变人们的生活。"真实"指的是可信度——与公司所从事的，能够实现的东西一致，这是公司基因的核心。例如，我在嘉信力旅运工作时，我们通过比较不同交通方式的影响，帮助我们的客户减少碳足迹。虽然这是有意义的，但与我们的业务存在根本的矛盾，这就削弱了它的真实性——削减碳足迹最理性的方式是完全不旅行，而这会扼杀公司。

正如第六章中讨论的，百思买的复兴与确定公司使命——通

过科技满足关键的需求，丰富人们的生活——有很大关系，并将其转化为整个公司的日常行为。百思买的使命并不是来自沟通顾问通过幻灯片想出一个巧妙的创意。它是有机地发展起来的，正如前面提到的，部分是通过在我们处于最佳状态时观察我们是谁发展起来的。这确保了使命的真实，使使命有深层次的真实性。

我也很欣赏拉夫劳伦公司的"激发人们对更好生活的梦想"的文化，这也是一个关于"真实性"研究的案例——我去科罗拉多拜访拉尔夫和他的夫人里基时加深了这种感觉。我知道这一目标在多大程度上是根植于他自己生活的故事而形成的：他是白俄罗斯犹太移民的儿子，从小在布朗克斯长大，拉尔夫设计出了反映自己对终极美国梦想的愿景，从校园风、运动型马球风到典型的牛仔风。这个梦想真正地激发了这个出身平凡的男孩，让他的人生走向辉煌的成功。待在他位于科罗拉多的家中进一步证实了这种真实性。这个乡村农场纯粹是拉尔夫·劳伦个人梦想的结晶。这里温暖而温馨，从古老的蒙大拿谷仓到美国原住民艺术家手绘的圆锥形帐篷，没有任何东西给人一种做作或强迫的感觉。"激发人们对更好生活的梦想"不是一句空洞的口号，而是拉尔夫·劳伦的核心和他的信仰，在他的公司工作的每一个人都知道这一文化，他们也会感受这一文化并得到启发。

当你的客户是公司时，发现客户公司的使命与你自己的目标的联系没有大的不同。最终，这些公司也会影响人们的生活。

例如，我在 EDS 法国分公司的时候，我们所有的客户都是企业。但是这些企业本身就是为个人服务的。当我们做 IT 系统向全世界数百万球迷转播足球世界杯时，这一点就变得非常清楚了。这个项目不仅激励了团队，而且激励了整个组织。

传播意义

最后，层叠意义（cascading meaning）贯穿于企业运营和政策，有助于将个人和他们关心的事情与公司的价值联系起来。这甚至可以在意想不到的地方得到实现：2019 年，百思买为其道德准则注入了意义。通常情况下，这些准则是由律师编写的，详细说明了你可能被解雇的多种情况。这些防御性的规则列出了你不能做的事情。

2018 年我与我们的合规团队密切合作，为这些准则注入了活力。我们提出了一份交互式文件，旨在帮助我们每个人在每天的每一个决定都"做到最佳状态"，而不是用法律术语表述的严厉政策。

新准则首先列出公司的信念、宗旨、指导行为和价值观，这些都是指引我们每个人应对困境的指南。这些准则以积极和简单的措辞关注意图，并围绕客户、员工、供应商、股东和社区进行阐述。这份文件确实有更多细节，例如，关于客户的指导包括广告、产品安全和数据隐私，但是行为准则与公司的使命和价值观有联系。这个想法并不是要涵盖所有可能的情况——没有文件可以做到——而是要鼓励人们运用良好的意图和判断。2019 年接替莎莉·巴拉德担任百思买零售总裁的卡米·斯嘉丽很好地诠释了这一方法。她告诉门店经理，SOP 代表的不是"标准操作程序"（Standard Operating Procedures），而是"服务高于政策"（Service Over Policy）。这取决于公司的每个人，知道我们的宗旨和理念，做有意义的事情。

• • •

创造条件，让每个员工感到自己为公司的目标有所投入，因为这与他们的动力产生了共鸣，这是激发人的魔力的第一个要素。这种联系与改变他人的生活息息相关，这与我们的第二个要素直接相关：建立真正的人际关系。

本章思考

- 你清楚自己的动力是什么吗？
- 你自己的目标与公司的使命如何联系？
- 你知道团队每个成员的动力是什么吗？是什么让团队的每个成员充满活力？
- 你是如何与你的团队成员合作，实现他们的目标的？
- 你如何帮助周围的人将驱动力与公司的使命联系起来？

第十章

要素二：发展人际关系

我所确定的是……爱就是一切。

——谢里尔·克罗

当时任百思买人力资源主管卡米·斯嘉丽分享故事时，她毫不隐瞒地说："过去 10 年我从未告诉任何人我有抑郁症，因为我不想被贴上标签、被人评判或者更糟糕的是得到他人的同情。"她在公司的博客上说，这是对心理健康和身体健康的一次诠释。她分享了他父母在 6 个月内先后被诊断出脑癌后，她是如何与抑郁症做斗争的。为了应对这种情况，她沉浸在工作和忙碌中，远离朋友和家人，直到她丈夫迈克催促她寻求帮助。她接受了心理治疗和药物治疗。她的抑郁症逐渐消失，她每天有意识地来控制它。"他人的关爱给了我分享的勇气，"她写道，"本着把爱传递出去的精神，我希望我的故事能够给你们带来勇气。"

卡米得到了百思买员工的大力支持。许多人从她的经历中看到了自己，并与之产生了联系。数百人回复了她的帖子。卡米还收到了 371 封私人电子邮件，每一封都是一个故事。在一次她去门店的时候，一个年轻的女人告诉她，她曾经试图自杀。看了卡米的博客后，她得到了帮助。

第九章讨论了如何将个人目标和公司使命联系起来，促进员工的深度投入，从而带来非凡的业绩。第二个要素是创造一个能让关系蓬勃发展的环境，就像卡米和她的同事那样。

人际关系驱动参与度和业绩

盖洛普参与度调查的第十个问题是："你在工作中有最好的朋友吗？"我第一次听到这个问题是在嘉信力旅运工作的时候，当时我很怀疑。这个问题听起来太空洞、太柔和，没什么价值。我接受的是笛卡儿式的严谨、科学和数学教育，一切用数据说话。在麦肯锡、EDS 法国分公司、威望迪环球和嘉信力旅运的这些年里，我相信有效的领导力主要是关于智力、理性、努力工作还有为人友善，但是工作中有一个最好的朋友和工作表现有什么关系呢？

然而就是在卡尔森的时候，我逐渐意识到工作中最好的朋友一定是有价值的。

我从嘉信力旅运离职之后，卡尔森还拥有酒店和餐厅连锁服务。像星期五餐厅这样的连锁餐厅，每一家餐厅都有相同的战略定位、相同的装饰和相同的菜单，但每个门店之间的业绩表现差别很大。

造成这种差异的原因是人为因素。总经理和员工之间的关系预示了员工与顾客的关系。我发现，如果管理者创造了一种环境，让每个人都觉得自己有归属感而且重要，员工就会竭尽全力。到我2012年加入百思买时，我已经改变对盖洛普第十个问题的看法。最终，人们之所以不尽力，是因为他们被卓越的智力击垮了。员工在工作中投入的程度与他们觉得自己受尊重、受重视和被关心的程度有直接关系，而这正是朋友之间应该做的。

我们的生存离不开与他人的联系。事实上，有研究已经证实，人际关系是生活在"蓝色地带"（共有五大区域，包括日本的冲绳和意大利的撒丁岛）的人寿命更长、生活质量更好的原因之一。[1]在这些地区，人际关系包括归属感、家庭优先——父母、伴侣和孩子——以及相互支持的社交圈。例如，冲绳人有一种叫作摩埃（moais）的东西，这是一群终身亲密的朋友。

在新冠疫情期间，人际交往的基本需求变得非常明显。在自我隔离和封锁期间，人们除了通过科技进行虚拟联系，在中国和意大利这些地方，人们通过在阳台唱歌和演奏音乐来提醒周围的人，他们并不孤单，从而缓解了隔离的孤独感，这对心理健康有积极的影响。

我对工作中的人际关系的新信念影响了我第一次参加百思买假日领导力会议的方式。随着利润和收入的下降，我们的扭亏为盈计划仍在制订中，分析师正在给我们写讣告。我不太记得我那天具体说了什么。如果你问那天参会的人，可能很少有人能够记得我说了什么。但是我觉得很多人会告诉你他们听我说话时的感受：希望和信心、现实性和紧迫性。他们记得我的语气和精气神。我很积极乐观，也很诚实。团队里的每个人都为之振奋，但也明白分析师是对的，因为如果百思买不改变，只有死路一条。

　　在我先后卸任百思买 CEO 和执行董事长之后，我越发清楚地意识到，我的同事们不会记得我可能有多聪明，或者我们是如何执行某些计划的。人们记得的是我给他们的感觉。从这些温馨的信息中，我感受到的是希望、活力和鼓舞。

　　尽管我现在很清楚，人际关系对员工参与度至关重要，但商学院和董事会仍不会过多地考虑或谈论人际关系。这种情况必须改变，在效率战略背景下，人的魔力会带来卓越的表现。

• • •

　　当我开始在百思买工作时，我明白人际关系的重要性，在我担任 CEO 的那些年，我学会了如何建立人际关系。我的前同事莎莉·巴拉德经常说，公司不是没有灵魂的实体，它们是由个人组成的人类组织，为一个共同的目标而共同努力。为了释放人的魔力，每个人都必须有自在的感觉，充分重视自己的价值，有空间和自由做他们自己。只有这样，人们才会在工作中表现出最好的自己。通过以下 5 个方法就能够创建这种环境：

- 把每个人当作独立的个体，并加以尊重；
- 创造安全透明的环境来建立信任；
- 鼓励表现脆弱；
- 发展有效的团队动力；
- 推进多元化和包容性。

这些已经成了百思买战略转型的支柱和公司的灵魂。

把每个人当作独立的个体，并加以尊重

莎莉·巴拉德说："要让人们觉得他们很了不起。"我完全赞同这个观点。你在大公司做这件事情和在小公司做这件事情是一样的。一般来说，在任何公司，总经理管 5 至 10 个直接下属，直接与几十个人打交道。我在 EDS 法国分公司（3000 名员工）、嘉信力旅运（22000 名员工）以及百思买（125000 名员工）都是如此。公司的整体规模对我的做法没有任何影响。管理不应该被看作领导群众。

有一次，在一个员工焦点小组中，一个年轻的员工指出，被视为一个独立的个体对他来说很有意义。他在 18 岁时就被百思

买录用，性格腼腆，缺乏自信。当问及在百思买有意义的经历时，他立刻想起了他的区域经理到访他们门店的事。这个区域经理在他被录用的时候见过他，那次来的时候认出了他，并叫出了他的名字。这个小小的举动给他留下了深刻的印象。他不只是个百思买的员工，而是个被人知道且受人尊敬的独立个体。在接下来的两年，这个曾经腼腆的员工变得意气风发，自信满满起来。

每当我回想起十几岁时在商店做过的可怕的暑假工时（见第一章），我意识到那时候没人知道我是谁。我觉得自己和所做的事情都不重要。作为百思买 CEO，我尽我最大的努力让所有的员工觉得他们和他们所做的工作都很重要。

在《隐藏的价值》（Hidden Value）一书中，斯坦福大学教授查尔斯·奥莱利和杰弗里·普费弗研究了那些非常成功的公司，发现它们之所以能成功，不是因为它们有更好或更聪明的人，而是因为它们找到了方法去最大程度发挥人的潜能，帮助所有利益相关者成长。[2] 我们所说的"亲爱公司"认可每个人能够贡献的价值，不论其职位高低。[3] 它们以对待客户的方式对待员工——尊重并深入了解他们的需求。

尊重始于感激和认可。法国哲学家笛卡儿有一句名言——"我思故我在"。当谈到创建真正的人类组织时，我认为有一句更有力的宣言——"我被看见，故我在"。在拉尔夫·埃里森 1952 年的经典小说《隐形人》中，主人公是一个非洲裔美国人，讲述了他进行社会隐形的多种方式。我被它至今仍然如此深刻的相关性震惊。2016 年，百思买组织了少数族裔员工和管理者的焦点小组。尽管大部分的西班牙裔和亚裔员工总体上做得很好，但是黑人和非洲裔美国人同事感觉自己没有被重视或被关注（本章会有更多介绍）。

尊重意味着接受别人本来的面目和现有的样子。一名跨性别员工向人力资源团队解释说，百思买在她的变性过程中没有给她提供全部医疗保险。公司考虑了现有的福利，决定将胸部植入和面部女性化等美容手术包括在内。虽然只有一名员工提出这种问题，但人力资源主管卡米·斯嘉丽完美地总结了我们做出这一改变的原因——她足够让我们做出改变。

创造安全透明的环境来建立信任

2014 年的黑色星期五，凌晨 4 点我的手机就响了。电话是百思买电子商务主管玛丽·卢·凯利打来的，说我们的网站因为流量激增瘫痪了。在一年中最繁忙、最重要的一天网站瘫痪，这可能是毁灭性的。我们只有一件事可以做：齐心协力把网站修复好。我们做到了。那个假日销售季，可比销售额四年来首次上升。

一想到信任这个词的时候，我经常会想到那通电话。坏消息传播的速度至少和好消息一样快，这需要相信无论问题是什么，每个人都要专注于解决它，而不能一味指责。信任来自相互支持，尤其在困难时期。如果玛丽害怕她可能因为承认所发生的事情而被解雇，我可能就不会接到那通电话了。

只有当人们相互信任时，真正的人际关系才会蓬勃发展。在《意识资本主义》（*Conscious Capitalism*）一书中，全食超市联合CEO约翰·麦基和拉杰·西索迪亚将信任与关心定义为"意识文化"的两个关键因素。[4] 没有信任，就会有恐惧。恐惧会扼杀员工的参与度和创造力。建立信任需要四个条件：第一，建立信任需要时间；第二，建立信任要求你做你说过要做的事；第三，你必须平易近人，因为你不可能信任一个高高在上的人；第四，你必须做到透明。

卡米和许多其他的百思买员工觉得分享他们的故事是安全的，他们的坦诚也鼓励其他人展现脆弱。[5] 安全是基本的人类需要。安全是福特汽车前CEO艾伦·穆拉利的"红-琥珀-绿灯系统"的基础，它鼓励高管指出问题，并让他们的同事帮助解决。当犯错误、不知情或不完美被视为弱点时，就没有人会有安全感。

艾伦·穆拉利是通过建立和执行清晰的行为准则来建立信任和安全感的大师。在福特，每个人都不能以牺牲别人为代价来使用幽默语句，也不能批评某个不在场的人。每个人都应该全力支持团队。艾伦的团队成员感觉到他们可以彼此信任，互相支持。艾伦对不遵守这些规则的行为零容忍。最著名的是，在每周的商业计划回顾会议上，如果他发现有人在看手机或者讨论任何其他事情，就会中断会议，盯着那个违反规则的人，然后说"让我们都来帮助你吧，既然你做的事情明显比拯救福特汽车公司更重要"。这是尊重的问题，尊重建立信任，使每个人保持专注。"没关系，"最后他会笑着对行为不当的人说，"你不需要在这里工作，你自己决定。"

鼓励表现脆弱

"脆弱是把各种关系粘在一起的黏合剂。"布琳·布朗说，她已经写了好几本关于这个话题的书了。[6]她解释说，通过表现出脆弱和真实的自己，我们能够找到同情、真正的归属感和真实的联系。她总结说，这种真实性是创造力、欢乐和爱的源泉。[7]在工作中创造更多爱和关怀的方法，除了雇用和提拔那些心里有爱和关怀的人之外，就是允许爱和关怀更公开地表达出来。[8]

让卡米这样的公司领导者分享她与抑郁症的斗争，这表明我们都有共同的人生经历，人们不应该隐藏自己或羞于寻求帮助。CEO 们也必须参与进来。我刚来百思买的时候，我告诉我的团队，这个转变将是艰难的，需要我们每个人都成为最好的领导者，从自己做起。我告诉我的团队，我的高管教练马歇尔·古德史密斯将收集他们每个人对我表现的一些反馈。收到反馈之后，我感谢了我的团队，并与他们分享了我所选择的三件想要做得更好的事情。这为公司的转变奠定了基础。

然而，让我自己表现脆弱对我来说并不容易。尽管我现在可以接受不完美和反馈，但是我从小就被灌输了一种观念，即工作和生活是分开的，情感在工作中没有位置。我天生就比较注重隐私。我一加入百思买，就投身于公司的扭亏计划，暂时放下了离婚带来的痛苦，离婚让我背负了一种失败感。我花了几年时间才向朋友敞开心扉，这不仅帮助我处理这些情感并治愈了创伤，还让我在工作中表现出了完整的自我。这反过来使我能够用心和勇气来领导，而不仅仅是用头脑领导他人。

　　然而，脆弱并不等于分享个人生活的一切，关键是要分享对他人来说真实、相关而且有用的东西。[9]在2019年的假日领导力会议上有一个员工分享了她如何在一个父母酗酒的家庭长大，高中毕业后就没再上学，以及曾经有过一段同性关系，这已经超出"了解我"的范围。这位明显被感动的员工说，这些都是她感到羞耻的事情，她从未想过要分享。但她之所以分享，是因为它与这次会议有关：她在工作中找了归宿和安全之地，这给了她勇气和空间，让她重新做自己，重新信任，并找到宽恕。她是脆弱的，她鼓励和激励别人也做自己，找到自己的声音。

　　表现那样的脆弱需要勇气。但就像那位员工和卡米的故事所展现的那样，当你在一个已经建立信任、给予尊重的环境中表现脆弱时，人们就会想着帮助你。你也给了他们寻求帮助的许可。这就是人们相互支持的方式，也是为什么像百思买这样的公司经常被描述为像家庭一样。

有时候，领导者需要将脆弱和做出艰难决定与给予希望结合起来。2020年3月19日，在新冠肺炎疫情期间，万豪国际集团CEO阿恩·索伦森向员工发布的视频信息，是一堂情商和脆弱性的大师课。让很多人震惊的是，他之所以没有满头的头发，是因为胰腺癌的治疗。他首先谈到了直接受疫情影响的员工，并提供了支持。他接着解释说，疫情的影响和为控制疫情采取的限制措施使万豪的酒店业务遭受重创。

在继续解释公司正在采取应对危机的措施时，他没有粉饰，也没有恐惧。新员工招聘被迫停止，市场营销和广告费用削减。在2020年接下来的时间里，他将不会拿薪水，他的高管团队将减薪50%。世界各地的工作周缩短，实行临时休假。

随后，他把重点放在中国疫情好转的迹象上，这给世界其他地区带来了希望。"我可以告诉你们，我从未遇到过比现在更艰难的时刻，"他在回忆8年来担任万豪CEO时说，"没有什么比告诉备受重视的员工，也就是公司的核心人员，他们的角色正在受到完全超出他们控制范围的事件的影响更糟糕的了。"他哽咽着补充道："我从未像现在这样坚定地坚持到底。"

他以一种充满希望的口吻总结道，预计有一天国际社会将会战胜疫情，人们将重新开始旅行。"当那个伟大的日子到来时，我们将以我们举世闻名的温暖和关怀来欢迎他们。"他传达的信息是真诚、衷心而感人的，同时也令人振奋、鼓舞人心。[10]

发展有效的团队动力

为了建立高效的团队，每个人的最佳表现必须转化为团队的最佳表现，这需要利用人际关系。

2016 年，百思买正从"蓝色复兴"转向增长战略，是时候从确保合适的人在合适的位置上工作，转变为让我们的团队表现得更好。我们请来了高管教练埃里克·普利纳与包括我在内的高管一起工作。最初，我们的目标是提高我们每个人的表现，但这很快就变了，正如埃里克所说："最好的团队是由一流的团队组成的，而不是由一流的人员组成的。"

我们有一流的人员，但是我们没有一流的团队。

埃里克认为有两个原因。第一，高管往往有英雄心态，他们会寻求解决问题的优秀员工，让他们作为个人而存在。第二，照顾比关爱更重要。这是一个微妙但至关重要的区别。人们会善待错误，所以他们避免传达强硬的信息，以免伤害同事的感情。

因此，埃里克首先确定了我们每个人需要从多方面考虑问题，比如互动、控制或反思的需要，或变得情绪化的可能，以帮助我们理解彼此之间的差异。然后，他把我们每个人的反馈画在一张图表上。最后，他让我们站在房间里不同的地方，这样我们就可以在物理上体验我们在每个维度上的相对位置。看到每个人被

"绘制"在哪里，不仅很有趣，而且它还能让我们从视觉上，然后从身体上，感受到我们多么相似和不同。

与他人互动时，了解彼此不同的需求，有助于我们更好地与他人建立联系。这并不意味着我们任何人都需要改变，但更容易看到我们每个人如何激怒别人，并理解我们自己的行为的后果。于是，我们从"你这样做，我觉得很烦"变成"如果我用不同的方式表达，我们都能得到我们需要的东西"。

另一个说明问题的时刻是，埃里克问这些高管他们的主要团队是哪个。他们都说是职能团队——无论是营销、供应链、零售、财务，还是人力资源。没有人说是管理团队——他们所领导的负责具体实施的团队。我们仍是一群存在的个体。当时任首席商务官迈克·莫汉确认他需要让管理团队成为他的主要团队时，这种情况才开始改变。

为了加强我们之间的联系，我们还学会了从照顾他人到关爱他人。"我不想伤害你的感情"会让位于坦诚的反馈。我们进行了"继续-开始-停止"练习，告诉对方我们应该继续做什么，开始做什么，停止做什么。我们从"明尼苏达的好人"转变为更加开放和诚实的人。

在过去的几年，我们每个季度都投入一天时间，每年大约投入一周时间，与埃里克一起努力，打造一个更有效的管理团队。如果你在 20 年前，甚至 10 年前告诉我，我应把时间投资在这些事情上，比如在工作中建立更好的人际关系，我肯定会摇头。真的吗？我们要花一天或半天的时间来谈论我们自己、我们的感觉，以及我们如何与他人相处？以前我不明白，比起花一周时间研究电子表格或销售数据，投入一周时间打造一个更高效的团队更有价值。

推进多元化和包容性

通过将员工视为个体来释放人的魔力，其核心就是多元化和包容性。当我在 2020 年撰写本书时，更加明显的是，多元化和包容性是必须重视的问题。培育促进多元化的环境可以大大提高员工的参与度和公司的业绩。[11] 从这一点看，多元化和包容性并非小事，它们是关键的业务要求。

当我在激发人的魔力的背景下谈多元化和包容性时，我指的是为每个人创造空间，让他们贡献自己的力量，让他们做真实的自己，凭借自己独特的视角和经历受到重视。这当然包括性别、种族、民族和性取向，我还考虑了认知、年龄、社会和文化多样性等因素。

尽管许多公司都致力于变得更加多元化，但变化太慢了。我们天生偏爱那些和我们的长相、思维方式相似的人，这导致了系统性的排斥，尤其是在性别和种族问题上。要解决现有的不平衡，仅靠良好的意愿或多元化、公平和包容性计划是不够的，需要采取大胆和持续的行动，需要领导力。正是在百思买工作的那些年里，我学到了很多关于多元化和包容性的常识。

2012年，百思买的普通员工相当多元化，具有代表性。但是从门店经理往上，白人越来越多，男性越来越多。例如，女性在门店经理中所占的比例不超过五分之一。电子行业传统上是老男人的世界，这让许多女人感到不舒服。很少有有色人种担任管理岗位，尤其是非洲裔美国人。种族不平衡在一定程度上反映了当地的人口结构，从历史上看，明尼苏达州在种族上一直是白人居多，居住着来自德国、斯堪的纳维亚、芬兰和爱尔兰的移民。然而最近，该州已经变得更加多元化，越来越多的拉美裔、索马里和亚洲移民居住在这里。但这种多元化除了百思买门店员工之外，并没有体现出来。

我们得做出改变。

我们从顶层开始改变。如果员工们在经理中和董事会中看不到和自己长得像的人，他们不会觉得自己有希望。如果他们觉得前途渺茫，他们就不会全身心投入，全力以赴。我很幸运，很快就解决了高管团队中的不平衡问题。大量研究证实，高管中女性人数越多的公司业绩越好。[12] 我与女性长期共事的经历也证实了这一点：玛丽莲·卡尔森·尼尔森在我先后任职嘉信力旅运和卡尔森集团时一直是我的老板；在我掌管威望迪环球电子游戏部门时，我向艾格尼斯·都兰汇报工作，她也是女性。

强大的女人们在百思买高管团队中很快占据了关键位置，从首席财务官莎伦·麦柯勒姆、门店主管莎莉·巴拉德到电子商务主管玛丽·卢·凯利，《财富》杂志在 2015 年第 13 期还专门为此写了篇文章，标题是"拯救百思买的女人们"。[13] 从经验和研究中，我获得了一些见解，这有助于确保女性得到应有的关注和晋升。例如，女性领导力专家萨利·赫尔格森和我的前教练马歇尔·古德史密斯在他们的书中强调了常常阻碍女性变得更成功的 12 个习惯——这和男性表现出来的怪癖不同。[14] 例如，女性往往会发现，除非她们满足每一个或者更多的要求，否则她们将会比男性更难取得成就或者争取到工作机会。我将萨利和马歇尔的书发给了百思买的所有领导者。我想让每一个人明白，我们必须有杆秤去衡量一下男性和女性在行为方面的差异，否则，什么都不会改变。在 2019 财年的上半年，百思买在公司层面对外招聘的员工中有 58% 是女性。2019 年，百思买任命了首位女性 CEO 科瑞·巴里。

重构百思买董事会也是多元化努力的一部分。我们需要比曾经的董事会更多元化的技能、视角和经验，以支撑扭亏为盈的大转变，然后实现大增长。从 2013 年开始，我们招募了一些有成功实现大企业转型经验的人，在创新、科技、数据和电子商务能力方面突出的董事，以及有最近在卫生部门工作经历的领导者。当我在 2020 年写这本书的时候，百思买现在的董事实现了技能、性别和种族等多元化组合，他们都做出了宝贵的贡献。在 13 名董事会成员中，有 3 名非洲裔美国人，7 名女性。董事会层面的有效的多样化在于找到合适的技能，并建立关键的群体——而不是象征性的——不同的视角和观点会带来更好的结果。[15]

事实证明，员工之间的种族不平衡更难纠正。2016 年，我与少数族裔员工和经理负责的焦点小组让我痛苦地明白了一件事，我们的非洲裔同事经常感到被困在初级职位，几乎没有升迁希望。在总部，他们觉得自己被困在呼叫中心，几乎从未考虑过升迁。百思买的法律顾问基思·纳尔逊是"黑人员工资源集团"的执行赞助商，他一直在努力为黑人候选人争取利益，但他们始终得不到工作。许多有色人种雇员来自美国的其他地方，他们在明尼苏达感到流离失所。他们发现，当地的同事很少意识到或理解他们的生活经历与普通的明尼苏达人不同。

我被这些在焦点小组听到的言论震惊了，坦率地说，我受到了伤害。作为一个生活在明尼苏达的法国白人，我对有色人种面临的挑战知之甚少。我也意识到，当涉及各种类型的多样性时，我推动真正变革的经验十分有限。我需要做得更多，首先要更好地理解少数族裔面临的深层次系统性障碍，尤其是我们的非洲裔同事。

霍华德·兰金推动了我们在多元化和包容性方面的努力，他提出了"反向"导师计划，将百思买的高管与员工配对，由员工指导高管，帮助高管增加对差异的理解。我非常幸运地能让在百思买从事供应链管理工作，也是有两个孩子的非洲裔美国母亲劳拉·格拉德尼做我的导师。

我和劳拉每个月的讨论帮助我从总体上看公司，尤其是从她的视角看百思买，这帮助我衡量了历史的分量，以及作为一个非洲裔美国人在美国意味着什么。例如，我了解到，在 20 世纪五六十年代，明尼苏达州的圣保罗曾经充满活力的隆多社区是如何被摧毁的，当时 I-94 号高速公路正好穿过这个社区，导致家庭搬迁，当地企业倒闭。在个人层面上，劳拉赞成她的许多同事所说的关于缺少职业发展机会的看法，这让她差点离开百思买。她还帮助我对黑人学院和大学有了更深的了解，这让我意识到我们错过了人才丰富的招聘来源。

在同事们的建议下，我还会见了芝加哥金融管理公司艾瑞尔投资的总裁和联席 CEO 麦洛迪·霍布森，以及星巴克和摩根大通等多家公司的董事。"你要用商业术语来表达。"她和我在纽约喝咖啡时对我说。公司必须反映其客户的人口统计数据，以便能够理解并满足他们的需求。例如，她解释了公共厕所的自动感应水龙头和肥皂之所以让非洲裔美国人感到沮丧，是因为红外技术对黑色皮肤感应差。在全是白人员工的公司里，没有人想过在肤色较深的人身上测试这项技术。类似的例子比比皆是，包括被人诟病的谷歌照片问题，以及由于开发团队和照片数据库的种族构成不够多元化而在人脸识别中普遍存在的偏见。[16]

百思买以员工、工作场所、供应商和社区为中心，努力实现更好的多元化和包容性。我们通过增加求职者名单，从而扩大招聘力度。其中包括与黑人学院和大学建立的招生计划和奖学金。2019 财年上半年，有色人种占百思买公司层面外部招聘人数比例达到 20%，占门店对外招聘人数比例达到 50%。

然而，改变是缓慢的。百思买通常更倾向于内部招聘，尽管这提供了许多优势，但减缓了多元化的进程。此外，有色人种员工的流动率仍然较高，尽管差距已经缩小，但还有许多工作要做。

除了推动更多元化的招聘，我们还在努力为少数族裔提供更好的支持。为了促进职业发展，公司设立了一对一的多元化导师项目。多元化和包容性现在是评价百思买所有高管的标准之一。

和其他公司一样，百思买也在利用其购买力来影响供应商。例如，我鼓励我们的法律顾问向律师事务所解释，我们希望与我们合作的团队是多元化的，否则我们将与其他律师事务所合作。

这种多元化的推动不可避免地带来一些不适。为未被充分代表的群体创造更多的空间，常常被认为会排挤其他人。2016 年，我在对百思买员工的一次演讲中提到，和很多美国企业一样，百思买的形象仍然主要是"白人—男人—陈腐"，一名员工觉得受到了侮辱，并向我们的人力资源部门投诉。我的话是为了自我贬低——不可否认，毕竟我也是个白人——但我还是道歉了。

在我看来，这给了像我这样的白人男性一个极好的机会意识到我们有多幸运，感受很多人过去的感受。同时，零和博弈的观点忽略了一点，没有多元化，所有人最终都会遭殃。看看雷曼兄弟就知道。如果不是雷曼兄弟，而是雷曼兄弟姐妹，我相信情况会大不相同。

• • •

百思买是一个适合所有人工作的好地方，获得了《福布斯》和玻璃门（招聘网）等网站的多项赞誉。当被问及为什么会这样时，大多数员工给出了类似的回答——百思买就像一个大家庭，这里有家的感觉。这也是他们愿意早起去上班的原因之一。这种联系感源于尊重、信任、脆弱和有效的团队动力，以及多元化和包容性。

公司内部如此强大的人际关系，加上使命感，有助于激发人的魔力，从而创造非同寻常的业绩。

接下来是我们的五种人的魔力中的第三个要素——自主性。

本章思考

- 你在职场中有朋友吗？
- 你有感觉到你在工作中是独一无二的个体吗？要怎么做才能给别人这种感觉呢？

- 你觉得你可以信任你的团队吗？为什么？

- 你在工作中表现出脆弱时有多舒服？当其他人表现脆弱时，你内心有多舒服？为什么？

- 你会根据不同团队成员的沟通风格和偏好，用不同的方式与他们沟通吗？

- 你如何在工作中促进多元化和包容性？你还能做些什么？

第十一章

要素三：培养自主性

人类有一种天生的内在驱动力，追求独立自主，相互联系。
当这种驱动力得到解放时，人们就会取得更多的成就，过上更富
裕的生活。

——丹尼尔·平克，《驱动力》

　　1986 年，我第一次见到莫里斯·格兰奇时，他已经任巴黎霍尼韦尔–布尔公司维修部主管多年。我当时是一个年轻的麦肯锡顾问，是帮助他的公司改善客户服务团队的一员。令我震惊的是，不同地区的客户满意评分差异如此之大，但一旦在区域层面上进行汇总，就会产生更均衡的结果，因为地区间相互平衡了。

　　在一次会议上，我认为莫里斯·格兰奇应该着眼于地区层面，以便更好地理解是什么在驱动公司业绩，并让区域经理们对地区结果负责。"年轻人，"莫里斯说，"我跟你说说母马理论。"

母马理论？我当时完全不知道什么是母马理论，但是我很好奇。

他说，假设农场有一匹母马，一瘸一拐地走着，它身体的某个部位明显很疼痛，因为有块石头卡在蹄子里了。于是它的主人叫来了兽医，兽医得把母马的蹄子抬起来用钩子把石头弄出来。但是如果兽医托着蹄子，母马需要支撑才能站立，而且兽医承受的重量会越来越重。兽医无法安稳地承受马的重量。唯一的办法就是让兽医放手，但这又将迫使母马自己站立。

莫里斯·格兰奇说，如果作为管理者，你试图带领你的团队去解决他们自身的问题，他们就会越来越依赖你。这在短期内可能很诱人，但你会继续承担更多的责任，这会压垮你。如果莫里斯参与地区层面的事务，他就要干区域经理的活儿。于是，他必须让他们自己解决问题。

这与我所学的科学管理和战略规划方法相去甚远，美国前国防部长罗伯特·麦克纳马拉就是例证。计划、组织、指导和控制的方法是基于管理可能是一门纯科学的想法。一个由聪明的高层人员组成的小团队，在数据和统计分析的启发下，制订一个合理的计划，然后逐步落实下来。麦克纳马拉担任国防部长期间，美国深陷越南战争旋涡。正如他后来意识到的那样，过分地基于量化数据进行分析，忽略了至关重要的人这一无形因素，比如动机和希望或无心打仗和厌战。这也容易受到偏见和有缺陷的数据影响。人类（哪怕是领导者）也并非全知全能。[1]

然而，几十年之后，麦克纳马拉的分析性、自上而下的方法仍在商界占据主导地位。在听了莫里斯·格兰奇的母马理论之后，我的第一反应是反驳。我对数据和演绎推理的热爱让我忽略了一个事实，那就是，虽然这些非常有用，但它们可能会导致与当下环境不相符的命令和控制方法。在新的现实中，灵活和创新至关重要。对情商、速度和灵活性的需求意味着员工的自主性——让他们承担自己的责任——已经变得至关重要。

大多数情况下，决策不能也不应该自上而下进行。

你可能会问："这和人的魔力有什么关系？"自主性，也就是控制你做什么，什么时候做，和谁一起做，是内在激励我们的基本要素之一，能够直接促成更好的业绩。[2]自主性会引导我们创造性地思考，孕育创新。没有尝试新想法的自由，就没有创新。自主性之所以具有激励作用，是因为它能让人更多地得到满足。很少有人喜欢被告知该做什么，不该做什么。研究表明，工作中的压力水平不仅与对工作的要求有关，而且还与一个人控制和组织自己工作的程度相关。[3]自由越少，工作就越让人筋疲力尽。

你可以通过以下方式创造一个环境，在这种环境中，自主性有助于激发人的魔力（而不是每个人都做自己想做的事情的混乱状态）：

- 尽可能推进基层决策；

- 创造参与过程；

- 采取灵活的工作方式；

- 创建结果导向型工作环境。

下面我们详细讲解一番。

尽可能推进基层决策

2016 年，科瑞·巴里和我一同飞往圣安东尼奥。当时，科瑞负责战略发展办公室，提出并测试一些新的想法和举措，刚刚宣布的"打造新蓝"的增长战略就是其中之一。科瑞的团队正在测试的一个想法是家庭顾问。该团队在圣安东尼奥有一个试点项目。科瑞和我要去那里，这样我就能够看到项目的测试情况。

在飞机上，科瑞给了我一份演示文稿，让我看看这个新项目的内容：试点项目已经呈现非常好的效果，接下来就是拓展佛罗里达和亚特兰大的市场。为了明确我此行的目的，我问科瑞是不是要我去圣安东尼奥决定是否推进到这些市场。"不！"她告诉我，"我已经决定了！"

我突然咧开嘴笑了。这就是我们所需要的自主性，也是所有公司蓬勃发展所需要的。我此次去圣安东尼奥的唯一原因就是亲眼看看我们的项目，了解情况。

这反映了我们高管团队在埃里克·普利纳的帮助下一直致力于的一种转变。为了提高团队效率（见第十章），他让我们研究如何做决定。在转型的危急时刻，当涉及重要决策时，我之前一直处于主导地位，是时候做出改变了。

我们首先考虑的是谁应该做决定，也就是说，应该由公司的哪个层级做决定。他认为决策应该由组织中最基层的人来做，因为在最基层的人可以获得足够多或最好的信息来做出决定。最基层几乎没有高层管理人员。但是像百思买这样的大零售商，决策权下放并不简单。百思买实际上是一个业务单一的企业，按职能组织，如销售、营销和渠道，往往会把决策推到这些职能的交汇处。

尽管如此，我们还是有机会。例如，门店经理过去依赖总部开发的销售话术脚本来培训基层员工，教他们怎么和客户交谈。公司很快就发现，如果销售人员想要真正与客户建立联系，就必须给他们自由，让他们做自己，自己做决定。一旦我们通过技术丰富顾客生活的目标变得明确，我们的销售人员需要的就是以一种对他们每个人而言都感到真实的方式自主地去做，而不是生搬硬套话术脚本。这只能在本章所述的信任和尊重的环境中起作用。

亚马逊的"不同意，但承诺"理念说明了这种决策方式。在一封致股东的信中，杰夫·贝佐斯解释了为什么公司应该总是把每一天当作第一天来看待，他在信中表示，他觉得亚马逊工作室提出的原创出品的理由并不令人信服。但他的团队不这么认为，然而这个项目在他的全力支持下继续进行。他解释道："注意这个例子不是为了说明我要告诉自己'好吧，这些人错了，没抓住重点，这个项目不值得我跟'。这是一种真实的意见分歧，是我的观点的坦率表达，是团队权衡我的观点的机会，也是他们快速、真诚地承诺坚持他们自己理念的体现。"[4]

除了明确应该由谁来做决定，埃里克还让我们研究如何做决定。在他的帮助下，我们学会了利用 RASCI 模型，即责任、负责、支持、咨询和告知。我们回顾了一些决策，并讨论了每个决策应该分配给哪些人。

最后，只有几个我负责的事情需要我做决定，我也会提供支持。在他们咨询我或告知我时，我做过很多决定。因此，我基本负责四种决策：公司整体战略；主要投资决策，尤其是并购决策；决定公司高管任命；为公司价值观定下基调。当然，他们咨询过我很多决策，我会针对像品牌和资本结构等问题发表我的看法，但最终还是要营销主管和首席财务官来做决定。在许多情况下，如家庭顾问的推出，他们只需要告知我。除了在机制中引入更多的自主权，我们的新做法还避免了相反的陷阱，即每个人都发表意见，但没人做决定，从而导致组织瘫痪。

我们转向了一种进一步去中心化的模式。这对我们的增长战略来说是完美的，但与我们的"蓝色复兴"转型模式相比，这是个显著的变化，在此期间，我做出了许多决定来稳定百思买这艘巨轮。固有模式需要被打破，而且这也是一种调整。正如第十章中描述的，提高我们彼此发生联系的方式极大地支持了这种转变。我们相信对方能够做出最好的决策，但也愿意随时在需要的时候提供帮助和诚实的反馈。当我们开始和埃里克合作时，每当需要对某件事情拍板的时候，大家总会看着我。我总是笑着说："别看我啊！"最终，我们转向了进一步去中心化的决策模式，这使得决策更加明晰，加快了决策过程并提高了决策质量。

这让我想起了我在 EDS 法国分公司做总裁的经历。耐克法国的 CEO 给我一批"Just Do It"的贴纸。每当 EDS 有人想出一个主意，我就会给他们一张贴纸。我想让个人感觉到，他们能按自己的想法付诸实践。我想让他们知道，他们是可以犯错误的。如果新想法行不通，他们就会学习并修正方向。

创造参与过程

当我还在麦肯锡做顾问时，我在法国中部的一个小镇的工厂工作，他们为导弹系统生产电池。这家工厂需要改善自己的运营情况。我们采取了四个步骤，大约历时 8 周。首先，制定底线和改进目标。这些目标必须足够宏伟，避免在执行过程中的边际调整，并迫使人进行彻底反思。其次，每个人都参与进来，提出改进的办法。最好的办法都是来自一线人员，他们亲身体会哪些程序碍事，往往知道如何改进。再次，所有的想法被分成三类：赞成（好主意），反对（太贵或太冒险），可能（有潜力）。最后，我们对赞成和可能的想法进一步细化。

高级管理层的角色主要就是置身幕后：他们组织并负责整个流程，让工厂工人和他们的直接主管想办法。

作为年轻的麦肯锡顾问，我仍沉迷于指挥和控制模式，结果令人震惊。工厂工人想出了一系列具体的办法，这是总部人员不可能想到的。尽管在麦肯锡内部，这些运营的项目并没有特别吸引人，但这次经历很有启发性，也是我永远不会忘记的重要一课。

对我来说，获取类似的广泛基层经验可能比其他人更容易，因为在我的职业生涯中，我所带领的公司所处的领域，我刚进去时都是一无所知。在很多方面，我只能信任并授权他人，别无选择。我的局外人身份是一剂有效的良方，避免了我回到自上而下制定战略方法的模式。在我加入嘉信力旅运时，公司需要在下一次董事会上提出一份增长计划。这是我继 EDS 法国分公司和威望迪全球之后第三次出任 CEO，那时，我知道我的工作不是去找答案。即使我想，也做不到，因为我在旅运行业的唯一经历就是旅行。我的工作是创建并推动一个流程，让那些比我更了解业务的人去寻找答案。在嘉信力旅运，我们有效地模仿了我在电池厂学到的四步法：我们现在的处境如何？我们的目标是什么？我们需要做些什么才能够实现目标？我们到底要如何做才能够实现目标？我们组织了从人力资源、市场营销、供应链管理到 IT 部门等各个职能部门的团队参加的场外研讨会。我没有想出什么主意和解决办法。我提出问题，支持团队制订计划，帮助整合之后再递交给董事会。

后来我去了卡尔森集团，情况也是如此。我在酒店业的唯一经验就是住过酒店，在餐厅吃过饭。所以我精心策划了一个流程，让每个业务部门都必须制订一个增长计划。

你可能还记得，我加入百思买时，没有零售经验，但是我必须在 8 周内想出一个扭亏为盈的计划。正如第七章所述，该计划是在团队参与的研讨会中制订的，在提交给董事会和投资人之前得到了百思买高管的认可。那家小电池工厂完全不知道它对我的影响有多大。

然而，在百思买有一个关键的区别，虽然想法和解决方案来自各个部门，但从匹配网上价格到恢复员工折扣，很多决定都是我自己做的。为什么？因为形势逼人。当公司安全地脱离了破产的边缘，我们在 2016 年制定了"打造新蓝"成长战略，我采取了一种更加放权的方式来做决定。

采取灵活的工作方式

2018 年，百思买首席数字技术官布莱恩·蒂尔泽带着高管团队去了明尼阿波利斯。我们的目的地是美国银行总部。布莱恩想让我们通过观察银行的运行来更好地理解一种新的工作方式。在2008 年的经济大衰退之后，美国银行与美国所有其他的大型银行一样，不得不采取更加严格的风险控制和合规管理。这自然导致了更加僵化和缺乏创新的环境。我的朋友蒂姆·威尔士最近刚当上个人和企业银行业务的副董事长，那时正牵头努力让银行对客户更加友好。美国银行建立了由技术、人力资源、市场营销、法务以及金融等多个职能部门组成的团队，由这些团队具体执行，而不是让各自的部门和决策层往下推动。美国银行就是这样为小企业贷款和抵押贷款找到了更快捷的方法的，尽管在经济衰退之后实施了更严格的合规管理。

简而言之，美国银行变得灵活起来了。

许多公司正采取小型、自主性的多功能团队全力冲刺，以加速决策和调整。这次参观足以让百思买的高管团队尝试新的方法。我们首先将其应用在电子商务中，很快就实现了从一年更新几次网站到每周更新几次网站的改变，这一切都是基于数据（而不是CEO 的想法）和持续实时的测试。

然后，我们在多个项目和实施过程中推出了灵活的方法，包括定价、促销以及面向员工的工具。这可能是 2020 年 3 月新冠疫情期间帮助百思买在短短三天内将业务转向非接触式路边收货的原因之一，这在过去需要至少三个季度才能做到。

创建结果导向型工作环境

下放决策权和培养自主性虽然很重要，但并不适用所有的情况。

2012 年，我开始在百思买工作时，里奇菲尔德总部的停车场空空如也。我发现，在任何一天，公司总部有五分之一到三分之一的人不在办公室。在有些部门，团队会议有一半的人不在。百思买的员工被允许在任何他们想待的地方工作，在任何时间工作，只要他们能够达到预期的结果。这被称为"结果导向型工作环境"。

2013 年 2 月，还在我们扭亏计划实施之初，我们的管理团队就是否继续这种工作方式展开了激烈的辩论。我们的首席财务官莎伦·麦柯勒姆坚决反对这种制度，她认为这种制度会降低效率。另一些人认为这不重要，不值得我们关注。我不得不出面调解，打破僵局。

最后，我决定取消远程工作方式，正如你所想的那样，这不是个受到一致欢迎的决定。有些人，包括设计这个制度的人，认为我是个管理恐龙，更在意他们是否打卡而不是结果。我收到一些邮件说家里孩子或老人生病，当时没有人提议不允许病假或特殊情况。巧合的是，雅虎 CEO 玛丽莎·梅耶尔也刚刚取消公司的远程办公模式。

如今，新冠疫情使得远程办公成为必要之后，包括百思买，似乎没有选择，只能在家办公。但在那时，没有公共卫生方面的考虑，我是出于实际和理念方面的考虑，做出取消在家办公的决定的。

从实际的角度来看，百思买正处于死亡的边缘。情况紧急，这意味着我们得齐心协力，快速行动，保持同步和信息流动。所有这些都需要大家同时在一个地方办公。就像当一个垂死的病人躺在手术台上时最好让医疗团队都在手术室。另外，远程工作并不适合所有人。对公司的不同部门制定不同的规定，会让部门间关系紧张并产生怨恨。门店的员工没法选择在家里工作，他们必须去门店工作，而且得准时出现在门店。

此外，这种工作制度是建立在授权总是正确的理念上的，我认为这个理念从根本上是有缺陷的。没有一种适用于所有情况和所有人的一刀切的领导方法。20 世纪 80 年代，第一次参加麦肯锡的管理培训时，我就了解到，自主性必须根据技能和工作动力进行调整，要根据具体情况采取具体策略。[5]

授权只适合那些有足够能力和动力的人。如果你要求我砌一堵砖墙，或者做一顿五道菜的晚餐，然后让我去做，结果将会非常令人失望。如果我是个非常有经验的瓦匠，但是我对砌墙完全没兴趣，结果同样会很糟糕。

只有当人们既有技能又有动力的时候，授权和自主性才会激发人的魔力。我十几岁时在汽车修理厂做暑假工的时候，我既没动力，也没技能（见第一章），自主性对我或者汽车修理厂都没有帮助。

　　暴雪娱乐是高技能与高意志力相结合的典型例子。我在威望迪环球电子游戏部门担任 CEO 时，暴雪娱乐是游戏界的领导者。游戏开发者自身就是出色的玩家。我做梦都不会想到由我去决定新游戏应该是什么样子或者什么时候发行，一切由暴雪娱乐说了算，它最清楚游戏何时准备就绪。

　　然而，游戏制作团队的专长并没有延伸到营销和发行。例如，《星际争霸》游戏在美国的成功并没有在欧洲和亚洲发行时得到复制，因为游戏在北美发行后，就遭到了盗版。因此，欧洲的大型分销商在这款游戏的分销上就不再投入。游戏开发工作室对国际销售团队很失望，而国际销售团队对工作室也不太满意。为了解决这个问题，我在伦敦组织了一个研讨会，把两个团队聚在了一起，目标是开发出一个好的诊断机制，并让合并后的团队一起提出一个具体的解决方案。

　　研讨会决定对游戏进行版权保护，并承诺在全球同步推出暴雪娱乐的下一个大型视频游戏《暗黑破坏神 II》。这两个决定结合起来将会限制盗版并增加销售团队的关注度。这款游戏最终取得了巨大的成功，《纽约时报》将其与《哈利·波特》系列小说的成功相提并论。[6] 我选择在这种背景下进行领导：当激情高涨，但解决问题的技能不高，在这种情况下，通过创建一个可以解决眼前问题的平台，比起放任自主，选择干预更合适。

同样，在 2012 年拯救百思买的时候，正确的做法就是进行指导。尽管许多人参与了制订扭亏为盈计划，但我一开始做了很多决定。2016 年，当公司处于稳定增长时，我们需要大的想法和创新，我们愿意下放更多的自主性，尝试新事物。我启动了一个"免责卡"（我们制作了实体卡）制度，以便在计划失败的时候用。这给了人们一个创新的机会，同时也减轻了必须成功的压力。

• • •

公司的使命与个人动力、真实的人际关系和自主性相结合，就会影响我们愿意在工作中投入的程度。但是人的魔力也要求我们一有机会就要在我们最擅长的领域做到最好。这是下一章的主题——精进。

本章思考

- 自主性如何影响你的工作参与度？

- 在你领导的组织或团队中，战略是如何制定的？

- 在战略制定过程中，你是如何让其他人参与的？

- 你有哪些决策权？你是如何做决策的？

- 你给你的团队多少自主权？它是如何体现的？

- 你会根据情况调整你的领导风格吗？如果会，是如何调整的？你的标准是什么？

第十二章

要素四：做到精进

连胜从来不是我们的目标。

——*鲍勃·拉都索，加州德拉萨勒高中橄榄球队斯巴达人队教练*

加州康科德的德拉萨勒斯巴达人队似乎已经统治高中橄榄球比赛。这支球队保持了 151 场不败纪录——这是橄榄球历史上任何级别比赛中最长的连胜纪录。151 场不败！这是人的魔力产生的卓越表现。

德拉萨勒的球员不是最高大的，球队也不是最富有的。他们并没有比其他地区的学校花费更多的钱或招募更多的人来实现这一惊人的连胜。他们只是追随了一位非凡的领袖和教练——鲍勃·拉都索，他不仅给了球员们不可动摇的目标感和团队精神，还激励他们努力成为最好的自己。"这里没有人希望你今晚表现完美，这是不可能的。"拉都索会在赛前告诉他的队伍，"但是我们所期待的，以及你们应该从自己或彼此身上期待的，是完美的比赛过程。"

拉都索训练他的球队努力获得技术上的精进——通过一些能够给球员带来欢乐的指导和实践，使他们的技术变得娴熟起来。让-马利·狄卡彭特里与我分享了他的"人员━➤业务━➤利润"的企业发展之路，他也常说，在他看来，一家公司的终极使命恐怕就是每个员工的成长和成就感。

至少，员工的成长和成就感对公司业绩至关重要，领导者的角色是创造一种实现精进的环境，就像德拉萨勒的教练那样。具有讽刺意味的是，持续专注于掌控和过程，而不是结果本身，才是持续实现最佳可能结果的方法。精进是企业表现的关键，因为在自己最擅长的领域表现出色可以从根本上令人满意，这也是激励我们的动力。合气道爱好者和教师乔治·伦纳德认为，"长期无目的的掌握过程"是通往成功和成就感的必由之路。[1] 在维基百科上写词条的人，或者 Linux 操作系统和阿帕奇网页服务器背后的开发人员，在他们的空闲时间开发这些资源供全世界使用，部分原因是他们喜欢应用他们的技能。

做到精进还支持人的魔力的其他方面，有技能的人当然更有可能表现得更好，如果他们也能受到激励，就可以被赋予更多的自主权。

"我很感激你做出的努力，"我在 EDS 的一位老板曾经对我说，"但我真的在乎绩效。"这是一种诱人的领导方式。关注绩效差距并说"做得更好"很容易，但很可能不起作用。

创造实现精进所需要的环境需要做到以下 6 点：

- 专注努力过程而不是结果；
- 发展个人而不是全体；
- 指导而不是培训；
- 重新评估绩效评估和发展；
- 将学习作为一生的旅程；
- 做好失败的准备。

专注努力过程而不是结果

精进所带来的成就感在于鲍勃·拉都索所说的"尽最大努力"，而不是比赛的结果，在于坚持不懈地为练习而练习，而不是为了结果（大师们都热爱练习）。所以，当斯巴达人队的队员们输掉了第 152 场比赛，结束了连胜，他们仍然可以表现出全力以赴，因为他们的目标在于精益求精，尽管结束了连胜，但依然会这样竭尽全力打好比赛。这种专注力让他们能够快速调整，并证明他们仍然是一支出色的球队，因为他们的目标从来不是连胜。

尼尔·海耶斯在他关于斯巴达人队的书中写道："德拉萨勒

之所以能够在比赛中脱颖而出，是因为从主教练到阵容中最不出色的球员，每个人都愿意做出必要的牺牲，以成为他们最好的球员。"[2]

怀疑论者可能会质疑，如何将这应用到商界。精进的想法很好，但肯定要服从于结果，对吧？不！在商业中，将利润作为目标不利于"精进型"思维模式，因为这种思维模式更注重结果，而不是追求自我实现和尽最大努力。在访问印度期间，我花时间研究了印度人在精神上是如何看待工作的。我们对利润作为公司主要目的的批评（见第四章）与印度教经典《薄伽梵歌》第2章第47节相呼应，这令我印象深刻。这段经文表明，过分关注结果会降低我们的效率——破坏我们致力于的结果——当结果未能达到我们的预期时，就会产生沮丧和怨恨，因为我们的行动只能部分决定结果。[3]

放弃结果并不容易。对于有竞争力的人来说，注重结果是很自然的。但在我于百思买工作的八年里，我意识到专注过程，创造尽可能好的环境，确实能带来最好的结果。就像打网球一样，如果你专注于得分或者赢得比赛，你更有可能因为紧张而失误，最好的比赛往往发生在你放松而且专注于球的时候。

热爱专注的过程，努力做到最好，让我们保持动力，而且从长远看，我们的技能会越来越娴熟，这会带来卓越且持久的表现。

发展个人而不是全体

2014 年，在"蓝色复兴"扭亏计划的鼎盛时期，我参观了百思买在丹佛的运营情况，因为那里正在发生一些特别的事。在过去一年的时间里，丹佛地区每名销售每小时的平均销售额提高了 14 美元，增幅为 10%，这是其他地区无法比拟的，那里也没有比其他地区更多的客流量。如果这种情况能在所有的门店中得到复制，将转化为 40 亿 ~50 亿美元的额外收入。

地区经理克里斯·施密特是丹佛惊人成绩背后的魔术师。克里斯认为自上而下的销售管理方法没有意义。每个销售人员都被要求专注于同样的事情，以同样的方式接近顾客，不管他们的个人能力如何。我们可以得到每个销售人员的销售数据，但是大部分的门店很少利用起来。克里斯意识到挖掘这些数据可以告诉他每个人在哪些方面可以改进。他关注两个指标——小时销售额和总体销售额。如果有人在小时销售额方面落后了，他们可能需要一些学习与客户沟通的技巧，或者更多地了解产品和服务，以便更好地向客户提供产品和服务方面的建议。此外，小时销售额高的销售员，公司并不需要专注于转化率，但可能会扩大他们销售产品或解决方案的品类。

在那之前，百思买一直着眼于提高地区的总体销售业绩，而不关注个人销售水平。克里斯觉得这样做没有效果。相反，他专注于每个人的情况，一次关注一个销售人员。对百思买来说幸运的是，克里斯可以自己决定在他管理的地区采取这种方法。到我去的时候，丹佛的销售人员每周和他们的经理进行一次一对一的会面。他们一起回顾前一周的工作，决定下一周的改进目标，并设定一个目标。他们还确定了可以长期从事的职业规划。

这些销售人员的积极性被调动起来了。他们很高兴能够看到他们每个人对自己的门店、地区和公司做出了怎样的贡献，以及随着时间的推移，这种贡献是如何改善的。他们喜欢这种高度个性化的学习。

我很吃惊。克里斯进一步推进了我支持的"人员→业务→利润"的管理哲学，并彻底改变了我们对技能、表现和精进的看法。我在美国推广了他的方法，就像野火一样蔓延开来。每个月，美国最优秀的员工都会通过电话分享他们的最佳实践。这个新的方法提高了员工的技能，增强了动机。这是在实施扭亏为盈计划过程中所采取的最关键的改变之一。

指导而不是培训

20 世纪 80 年代，我曾是麦肯锡一个团队的一员，协助改进霍尼韦尔-布尔的销售团队。公司采用的是典型的培训方式，基本上毫无用处。在一个月的培训时间里，大多数人坐在教室里听课或听演讲，大多数人忘记了他们所学的 80% 的内容，除非所学的东西能够在工作中得到应用。公司销售人员和其他人一样，通过实践和在实战中重复实践，才会学得更好。

这正是指导所做的事情，它对现实生活中的实际技能起作用。由于传统的培训没有作用，我们协助霍尼韦尔-布尔转向在行动中学习，在指导中学习的方法。销售团队参加研讨会，学习新的理念，并立即应用到他们带到研讨会中的真实案例。区域经理首先接受培训，这样他们就可以在研讨会期间指导销售团队，然后再回到工作岗位上。霍尼韦尔-布尔的销售额和利润都有了切实的改善。

当我在丹佛看到克里斯创新的个性化反馈方法时，我想起了这段经历。在访问期间，我和其中一位经理搭档，体验了每周一次让销售员感到兴奋的一对一会面。我在家电部门扮演销售员的角色。我的"经理"乔丹和我首先查看了我的小时销售额和总体销售额的"结果"。结果发现我的小时销售额很低。销售数据显示，我每笔交易的销售额低于平均水平。乔丹和我决定将重点放在这上面。我可能在其他领域需要指导，但乔丹知道同时学习多个任务很难。所以我们专注于小时销售额这个指标，并找到改进办法。

我们采用角色扮演的方式，这样我就可以学会如何以不同的方式与客户对话。乔丹成了一名销售员，我扮演来店里购买新洗衣机的客户。在确定哪种洗衣机最适合我的需求之后，乔丹问我那台旧洗衣机用了多久。

"大约 12 年。"我回答说。

"你是不是还买了烘干机？"她问道。

"是的。"我冒险回答她。

"拥有一台和洗衣机相匹配的烘干机对你来说有多重要？"

"嗯，我喜欢我的洗衣房看起来整洁。"我回到道。

"好吧。问题是，12 年对这种家电来说已经很不错了。你的烘干机很可能在一两年内也会坏掉。型号每年都在变化，所以你可能在一两年之后就找不到与你的洗衣机相配的烘干机了。我们目前正在促销与洗衣机配套的烘干机。你有兴趣了解一下吗？"

就这样，乔丹以一种非常实在的方式向我展示了如何改进我所关注的指标——每笔的交易量。她让我从买洗衣机转到考虑洗衣机和烘干机的组合。

丹佛各地的百思买销售每周都会接受这种量身定制的指导，每天都要汇报他们的工作情况。我的执行教练马歇尔·古德史密斯经常对我说，指导是一件身体力行的事——要想起作用，就必须尽可能频繁地进行实战演练，丹佛的指导活动就是这样做的。

注意，采用这种方法，经理变成了一个高技能的教练。释放人的魔力要求管理者不仅仅要进行管理。要成为优秀的教练，丹佛的经理们必须自己掌握销售技巧。

这让我想起了一个关于鹦鹉的笑话。一位女士走进一家鸟店，看到一只鹦鹉。"这只鹦鹉多少钱？"她问。"100 美元，"店主说，"这只鹦鹉很特别，它能说 100 多个字，会煮咖啡，还会看报纸。"顾客点了点头，看到了另一只鹦鹉，售价 1000 美元。店主解释说，这种鹦鹉更特别，它会说五种语言，会做丰盛的早餐，还能发布新闻简报。然而，还有第三只鹦鹉。当顾客问那只鹦鹉多少钱时，惊讶地发现那只鹦鹉值 10000 美元。这只鹦鹉能做什么，售价怎么这么高？"不知道，"店主回复说，"但是另两只鹦鹉叫它'老板'。"

重新评估绩效评估和发展

当我在 1996 年加入 EDS 法国分公司时，大多数员工没有接受过任何正式的定期反馈。我们的许多团队成员都没有机会讨论如何在他们所做的事情上做得更好，更不用说接受指导了。为了将"人员→业务→利润"的理念付诸行动，我决定对每个人进行年度绩效评估，并选择根据经理们对自己团队成员的评估程度来评估他们自己。

多年来，我还了解到，当领导者避开传统的自上而下的评估方法时，绩效讨论要有效得多。

第一，采取主题先行的办法比经理示范要有效得多。2008 年，我成为卡尔森的 CEO 时，我浏览了 360 条典型的评论、评级和排名，并意识到它们是多么无意义。每年一次，经理们会和我们的直接下属坐在一起开会，努力地——通常是失败的——在他们的脑海里回忆过去整年的表现，告诉他们根据一份预先设定的标准，他们做得有多好或者做得有多差。同事和报告将提供相应的意见。加薪通常与这些年度会议的结果挂钩，这些会议引入了财务后果，从而破坏了讨论。

我仍然记得，一位经理针对我的一份关于他的评级报告和我进行了长时间的争论，他认为自己应该得 5 分的满分，我觉得 3 分更合适。我们在评分上争执不下，回想起来真的太可笑了。盖洛普的调查显示，只有 14% 的员工认为他们的绩效评估能够激励他们改进工作。事实上，传统的绩效评估非常糟糕，会使三分之一的员工表现得更糟糕。[4] 这绝不是释放人的魔力的方式。

在百思买，我不再亲自评估我的直接下属。谁说你应该得 3 分还是 5 分？谁说你的上司能够准确地评估和评价你？相反，我鼓励那些直接向我汇报的人根据他们同事的反馈进行自我评估，利用这些评估来制订自己的成长计划，然后与我分享整个过程。我发现他们通常很善于评估自己的表现。我主要确保我们就优先事项达成一致，并问他们我怎么做可以帮助他们实现他们的发展目标。这比传统方法更有激励作用。

第二，绩效管理应该注重发展而不是排名。众所周知，通用电气曾经每年都会对其员工进行排名，并每年解雇那些被认为处于倒数 10% 的员工。然而，排名往往是基于严格的标准和主管的判断，这是有问题的。他们还让人们之间相互竞争。不管人们在他们的岗位上有多优秀，总有 10% 的人垫底，这可能会导致宝贵人才的流失。

我们可以将其与指挥家本杰明·赞德和治疗师罗萨蒙德·斯通·赞德的评"A"的做法进行比较。在新英格兰音乐学院任教期间，本杰明·赞德观察了对成绩焦虑是如何阻碍学生们学习的。由于害怕失败，他们不愿意冒险，这不利于他们真正掌握所学的知识。赞德决定，每年 9 月，在一门为期两个学期的音乐表演课程的第一节课上，他会提前宣布所有学生都将在这门课上得到"A"。但是有一个条件，两周内，每个学生必须写一封信，日期写第二年 5 月，也就是课程结束的时候，详细说明这几个月的时间里他们做了什么，以证明自己可以得到优异的成绩。他们必须描绘自己的未来，回顾自己取得的成绩和学习的情况，同时描述自己现在的样子。脱离了评判，他的学生可以想象一个充满可能性的世界。提前评"A"的做法释放了他们的能力和动力。他们想象自己冲破了阻挡他们前进的任何障碍，他们也确实做到了。评"A"并不意味着忽视标准、能力和成就，而是为了让学生和老师——或管理者和员工——在一个共同的目标上保持一致，努力做到精进。[5]

"你无法管理人们的行为，也无法管理他们的表现。"百思买的人力资源主管卡米·斯嘉丽说。相反，她认为，领导者应该支持大家发挥自己的潜力。2019 年 10 月，百思买宣布将取消自上而下的评估和参与度调查，采用季度对话的形式，由员工主导，讨论他们的目标、进展情况和发展状况。

第三，绩效发展更多的应该是积蓄力量，而不是解决问题。在进行传统绩效评估时，管理者通常会根据事先准备好的工作所需要的属性列表，突出三个进展顺利的事项和三个发展机会。随着时间的推移，我接受这样一种观点，即发展个人意味着培养每个人独特的才能，这样他们就能够变得更好——作家马库斯·白金汉和阿什利·古道尔称之为"尖刀"人员。[6] 我们不需要什么都擅长，这不仅在现实生活中是不现实的，而且会让我们的才华和内在驱动力变得迟钝。当我们的各种才能和带给我们最大快乐的东西合而为一的时候，我们才能取得最好的业绩。精进不是来自弥补你的"弱点"，而是来自无情地磨砺和利用你独特的优势组合。当然，这是一种平衡，但专注于建立优势可以带来更强有力的结果。

将学习作为一生的旅程

正如前面提到的，我曾经对高管的指导持怀疑态度。我认为培训是针对新手的，而指导是一种补救措施。在麦肯锡，较低层次的员工可以获得大量的培训，但没有针对合伙人的培训，也没有针对 CEO 的培训。

当卡尔森人力资源主管伊丽莎白·巴斯托尼第一次建议我考

虑与教练合作时，她解释说，马歇尔·古德史密斯正在帮助成功的 CEO 在他们的岗位上做得更好。于是，我接受了她的建议。谁不想在自己热爱的事情上不断进步呢？心理学家、斯坦福大学教授卡罗尔·德韦克的"成长心态"使学习和提高成为一生的追求。

我学会了将精进作为一生的目标。世界上最好的运动员都和教练密切配合。网球运动员拉菲尔·纳达尔和罗杰·费德勒在他们夺冠时没有解雇他们的教练。通过教练的指导，我能够把我喜欢做的事情做得更好。我学会了感激教练并利用他们的反馈改进自己的工作。我学会了帮助别人做好他们的工作，而不是让他们独自想出解决问题的方法。我学会了成为一个更关注员工而不是数字的领导。我学到了，作为 CEO，我的主要工作是创建和领导一个由人的魔力驱动的有目的的人类组织。我明白了，我永远不会停止学习，我会继续努力，把我所做的事情做得更好。

实现精进的道路没有终点，它是一个无止境的旅程。

做好失败的准备

管理类图书有很多是关于失败的重要性的。所以，我不想人云亦云，我想增加个人的色彩和特点。

百思买 2013 年的假日季是我们扭亏为盈过程中的低谷。我们没有达到目标，门店的销售额低于前一年。公司的股价从前一年的 11 美元涨到了 42 美元，但在 2013 年的假日季，股价应声下跌了 30%。

我们的选择是，要么寻找借口和责任人，要么学习并继续前进。我们要怎样做呢？

在向市场发布任何公开声明之前，我召集了百思买的 100 位高级领导。我借用了一些我喜欢的电影台词来表达我的观点。"我们为什么会摔倒，布鲁斯？"男孩的父亲问道，这个男孩后来在 2005 年的电影《蝙蝠侠：侠影之谜》中成了主角蝙蝠侠，"这样我们才能学会振作起来。"在会议期间，我们还展示了《挑战星期天》中的一个场景——阿尔·帕西诺在球队经历了令人震惊的上半场后，中场休息时，他给队伍做了一场经典的鼓舞人心的演讲。"我们现在身处地狱。"他告诉球员们，"我们可以待在原地，被人打得屁滚尿流，或者我们爬出地狱，一寸一寸，一步一步。"

然后我让每个人写一个备忘录，详细说明了我们每一个人，包括我自己，可以为百思买做出哪些改变。我们分享了我们写给彼此的信，但不是作为秋后算账的手段。例如，我们发现当清楚地意识到这个销售季进展不顺利时，如果我们改变门店的营业时间，在圣诞节前推出最后一分钟的促销活动，只会造成混乱。

杰夫·贝佐斯区分了两种类型的失败。第一个是可能在未来成熟的专业领域计划。对亚马逊来说，这可能是一个新的仓库。对于与核心业务相关的失败，我们不应该容忍。此外，在探索新的想法和做事的新方法时，出现第二种失败，这对创新至关重要。失败是可以预料和接受的。

领导者可以通过明确声明它是否安全来鼓励第二种类型的失败。这就是我分发给百思买高管的"免责卡"。关键时要保护下行风险，并进行经过深思熟虑的、可逆转的声明。这是我们的战略增长办公室采用的方法，如内部顾问提出新的想法——设计试点、验证，然后要么搁置，要么更广泛地实施。事实上，第一个家庭顾问试点失败了，我们不得不重新规划，再试一次。同样，当我们在扭亏为盈的早期，决定匹配在线销售价格时，如果没有得到回报，这也是一个我们原本可以逆转的尝试。许多试点都没有成功，我们最终搁置了一些想法，比如为公寓提供宽带接入，或者为房子中的特定房间提供分类服务。没有这些失败的实验，我们就不会做出成功的实验。

• • •

将个人目标与公司使命结合起来，培养真实的人际关系，鼓励自主，培养业务精进能力，这些都有助于创造一种环境，每个人都想发挥自己最好的能力，在适当的战略背景下，这将释放非凡的成果。

不过，还有一件事。想到收缩或停滞，你受到鼓舞了吗？我没有。即使有人受到鼓舞，也是极少数。这就引出了人的魔力的第五个要素——成长。

本章思考

- 想想你喜欢做的事情。你更注重什么？努力的过程还是结果？

- 你觉得自己的职业发展适合你目前的情况吗？你下属的发展有多个性化？

- 培训在贵公司是否普遍？

- 你如何评价你下属的表现？

- 你如何评价自己的工作表现？由谁评价？这种评价会激励你吗？

- 你觉得自己在哪些方面做得好？职业上，你想在哪些方面做得更好？你有什么改进计划？

- 你最大的失败是什么？是核心活动，还是创新实验？你从中学到了什么？

第十三章
要素五：乘势而上

成长是生命存在唯一的证据。

——约翰·亨利·纽曼主教

在考虑吉姆·西特林提出的担任百思买 CEO 这个不算疯狂的想法时，我听了该公司过去 6 次财报电话会议和投资者会议的录音。他们反复提到一件事——百思买的问题是"逆风"造成的。据说，在关键类别，百思买的股价在上涨。但是，消费电子产品的市场环境不景气。网上购物和亚马逊不征销售税也是如此。苹果专卖店更是雪上加霜。主要产品的价格在下跌，苹果手机让相机、录音设备和音乐播放器变得多余。

百思买似乎是这场完美风暴的受害者，即使最好的水手，也无法战胜这种逆风。但这怎么可能呢？我之前的所有工作都是在 IT 和电子产品发挥积极作用的行业，亚马逊、苹果和三星等公司都做得很好。

在我最初于百思买的一次讲话中，我让公司的高官们想象一下，如果我给苹果 CEO 蒂姆·库克和亚马逊的杰夫·贝佐斯打电话会是怎样的情况。

"目前你们公司所在的行业情况如何？"我会问。

"行情很好！公司发展很顺利，势头很足。"他们都会这样回答。所以，我的结论是，如果他们发现是处于顺风环境，那么就不是行业风向问题了。如果不是行业风向问题，那就是我们的问题。我们可以继续想出最好的可能的借口，等待消费电子行业好转的那一天，但不太可能盼到那一天。我们也可以改变策略。

因此，我们必须重组，得有一些收缩。有时候，收缩是必需的，就像米开朗琪罗不断凿掉大理石，把他不想要的部分全部移除一样。在百思买扭亏期间，我们决定退出中国和欧洲市场。我们在百思买旗下合并了加拿大的两个品牌。

一旦实现扭亏为盈，我们就面临一个选择——百思买是否应该裁员，专注成为一家规模更小、利润更高的公司？或者，这种裁撤只是一种战术举措，以便我们能够具备新的战略视野，释放新的增长？

无论是对当时还是现在的我来说，增长都是当务之急。增长为提升机会、提高生产效率创造了空间，同时又不需要裁员，也不需要承担风险，并投资。业务增长促进了个人的成长，这反过来又促进了创新和进一步的业务增长。

因此，成长是释放人的魔力的第五个也是最后一个要素。在停滞、收缩、恐惧、不确定或怀疑的环境中，很难感到精力充沛、富有创造力，也很难做好冒险的准备。一种无限可能的感觉——无论是对自己还是对追求崇高使命的企业——可以激发内在动力、正能量，以及把最好的自己带给公司的愿望。

如果在目前的市场中，你认为自己面临"逆风"和压力，你可以采取以下措施乘势而上：

- 考虑可能做的事情；
- 将挑战转化为优势；
- 将企业使命放在首要位置。

考虑可能做的事情

2017 年，当阿希什·萨克塞纳从科瑞·巴里手里接过战略增长部门，他提议我们重新定义我们对市场的看法。当时我们正在阐述我们的战略，正在准备给投资者做接下来的计划展示。在此之前，百思买将自己狭义地定义为实体硬件和零售销售。所以，像 DVD 就是硬件销售的一部分，但流媒体视频设备就不属于。在给高管团队的讲话中，阿希什扩大了消费技术的范围，包括服务和订阅，百思买要解决人类的每一种需求。

从这个角度看，我们的市场不再被定义为百思买已有的市场，而是被定义为可能做的事情。市场价值从过去的2500亿美元到现在超过1万亿美元。阿希什的远见开辟了一个充满可能性的世界。

当他第一次展示远见的时候，房间里静得都能听见喘息声，整个团队为之紧张。他们担心，除非我们确信自己能够在这些新领域里取得成功，并在这些新市场中占据一席之地，否则我们会失去信誉。

阿希什的想法让很多人震惊，因为他不再受市场份额限制，而市场份额是确定商业战略和成功的最常用的指标。然而，市场份额就像块蛋糕一样，在目前的市场中分得更大的份额是一种狭隘、最终会弄巧成拙的商业方式。只有别人的份额萎缩，你的份额才会变大。那些寻求成为"最好"或"第一"的公司进行的是一种狭隘的零和博弈，很可能有一天发现自己输了。

对阿希什来说，门店硬件销售出现的逆风情况并不是我们无法可控的。为什么不扩大我们的视野，重新定义我们的市场，释放潜在的需求，实现增长，也就是钱·金和勒妮·莫博涅所说的蓝海战略呢？[1] 一旦我们对市场和行业采取这种广义的观点，每个人都可以成长。这是一个更积极的观点。公司不再痴迷于粉碎竞争，而是以自己独特的价值和资产为指导，致力于努力做到最好。

微软 CEO 萨提亚·纳德拉就是这样。微软每年都会组织 200 多位美国大公司的 CEO 参加峰会，从摩根大通到伯克希尔-哈撒韦。在萨提亚成为 CEO 之前，我参加过这种峰会，当时峰会上唯一能够看到的技术就是微软自己的技术。微软的软件演示都是在自己的软件上进行的，甚至包括智能手机，这个微软并不耀眼的领域。系统地关注微软的一系列产品如何协同工作，这表明它们只是协同工作，这限制了公司的视野。

2014 年，我再次参加峰会时，几个月前刚刚担任 CEO 的萨提亚在苹果手机上演示微软的新软件。突然之间，公司的视野向苹果和安卓系统敞开了，这远比微软自己手机的市场份额广阔得多。这种精神能够改变人，进而改变公司。毫不奇怪，在萨提亚的领导下，微软的文化开放了，执行速度大幅提高，股价飙升。

阿希什·萨克塞纳认为我们扩大百思买的市场定义，专注于可能发生的事情，是正确的，但接受这种思维方式并不容易。那些刚刚经历转型的人很快就会提出反对意见，在此期间，他们没有犯错的余地，也没有承担风险的意愿。重新定义我们的市场有过度承诺和失败的风险。然而，我们不得不冒险，实现从生存到增长的转变。那一年，我们向投资者展示计划时，就采用了阿希什对市场的愿景。我们必须改变我们设定目标和计划的方式。

在转型期间，你制订的每一个计划几乎肯定是要完成的。莎伦·麦柯勒姆是这方面的专家，她在百思买扭亏期间担任公司的首席财务官。她确保我们不会错失财务目标，这为她赢得了市场观察人士的极大尊重和信任，让他们密切关注我们的一举一动。

对于增长，另一种计划是有序。库尔特·里特就是一个例子。在我担任卡尔森 CEO 的时候，他是瑞德酒店集团的总裁兼 CEO。库尔特动员他的团队围绕 BHAG 计划——宏大、惊险、无畏的目标——展开工作，尽管没人知道如何实现库尔特的 BHAG 计划。[2]这个计划给公司的产品组合中增加了惊人数量的酒店客房，瑞德实际上是世界上增长最快的酒店管理公司之一。

年复一年地培养扩张的心态和实现的可能性，需要在这两种方法之间做出正确的平衡。为了激发动力，目标必须宏大。此外，不切实际的过度扩张会挫伤士气，滋生怀疑主义。总是达不到目标会损害管理团队在投资者和员工心中的信誉。员工厌倦了无法实现自己的目标，更通俗地说就是厌倦了拿不到奖金。

百思买推出的家庭顾问计划实现了这一平衡。进军服务业是一个大胆的飞跃，但这一飞跃应该有多大呢？我们可以采用一种狭隘的方法，从我们拥有的门店数量开始，假设每个门店应该有多少顾问，以此类推。在这种情况下，我们需要几百个顾问。

还有一种办法，我们可以忽略我们有多少门店，而从市场上的家庭数量开始，估计有多少比例的家庭需要应用到一些技术和百思买顾问，然后计算出一个顾问可以为多少个家庭服务。从这个角度来看，家庭顾问的数量至少在 5000~10000 人。不过，比起数字本身，更重要的是得出数字所采用的视角。我并没有建议我们应该立即开始招募、培训和部署数千名顾问。要成功地推出我们的新计划需要时间。这是一种平衡行为。要开启新业务的征程，我们必须从大处着眼，追寻大的梦想，从小处着手，步步为营。

随着时间的推移，我们变得更善于认识和探索新的可能性。组建一个能够接受这一观点和愿景的高管团队，并建立战略增长办公室等运营机构去实现这一愿景，使这种转变成为可能。到2019 年，百思买时任 CEO 科瑞·巴里公布了公司的增长战略，包括到 2025 年实现人员、业务和利润方面的增长目标。扭亏为盈的战略模式已经让位于扩张和发展。

将挑战转化为优势

1805 年，拿破仑和他强大的军队驻扎在法国北部的布洛涅，准确进攻英国。然而，10 月 21 日，英国海军在特拉法尔加击溃了法国和西班牙的联合海军。这次惨败对拿破仑来说是一次重大的挫折，没有了对英吉利海峡的控制，他入侵英国的计划就不可能实现了。

拿破仑变挑战为机遇。他将布洛涅的部队向东调转方向，在不到六个星期的时间里行进了大约 1300 千米。随后在奥地利的奥斯特里茨击溃了奥地利-俄罗斯帝国联军，这次战役至今仍被认为是史上最伟大的军事行动之一。普鲁士将军、军事战略家卡尔·冯·克劳塞维茨将拿破仑军事上的成功归功于他的眼力——用简单而清晰的语言描绘大局的能力，并通过这种能力，在明显的局限或挑战之外发现机会。

在面对眼前的挑战时，能够用简单的语言看到什么是可能的，并将人们团结在这个口号周围的能力尤为重要。阻碍我们大多数人做到这一点的是那些逆风，它们如此令人沮丧、令人敬畏，甚至令人瘫痪。然而，正是在这些情况下，领导者必须动员和激励团队，绕过这些障碍，并迎接克服逆境的机会。

当我成为百思买 CEO 时，经常有人问我，究竟为什么要接受一份许多人都认为注定要失败的工作。事实上，我喜欢挑战，挑战给我能量。部分原因在于，围绕着共同的目标和解决谜题而组建和动员团队的满足感和肾上腺素。对我来说，这是一个实现我的目标的机会，那就是对我周围的人产生积极影响，利用我所拥有的平台对世界产生积极影响。

这是我在 EDS 法国分公司、威望迪环球电子游戏部门、嘉信力旅运和卡尔森集团所经历的那种能量。我开始到 EDS 法国分公司工作时，公司在美国的业务是建立在获得长期外包巨额交易的基础上的，而在法国，这种巨额交易并不受欢迎，而且收入正在迅速缩减。与我们的团队一起寻找在法国市场取得成功的方法，并围绕这一点动员公司的每个人，让我们的团队非常有活力。

帮助威望迪环球电子游戏部门解决它的挑战，以及协助其核心部门暴雪娱乐在国际上取得成功，令人十分兴奋。重振嘉信力旅运也是如此，当时互联网旅游被认为会扼杀这个行业。

2020 年席卷全球的新冠病毒大流行带来了重大挑战，威胁到许多企业的生存。然而，围绕健康和安全的严重限制也提供了新的可能性。人们被迫重新思考流程、产品和服务带来的新的服务方式，以挖掘未开发的需求，释放新的增长。

在新冠病毒危机之前，数字创意公司奥多比计划在拉斯维加斯举行一次 1.5 万人参加的年度会议。在 2020 年，由于社交距离和安全问题，他们无法实际聚集在一起。他们以数字的方式举办了会议，并吸引了 8 万人参加，因为旅行和寻找一个可以容纳这么多人的设施不再是限制。

或者，想想拉夫劳伦。位于曼哈顿麦迪逊大街和 72 街交汇处的大厦是拉夫劳伦的旗舰店。纽约人和游客喜欢它的门店格调，欣赏创始人对永恒风格的愿景。在新冠肺炎疫情流行期间，大厦的实体店全部关门，虚拟大门却敞开着。顾客仍然可以通过与销售人员视频聊天来体验门店。事实上，这扩大了门店的客户基础，超越了附近的零售商店。在另一个空间，想想远程学习如何让一个教育机构覆盖更多的人，或者在一个已经成为虚拟教室的地方，邀请杰出的课堂讲座者变得多么容易。

除了扩大覆盖范围，新冠肺炎危机还创造了改变客户体验的机会。2020 年 4 月，百思买决定重新开放 3 月关闭的门店，提供一对一的预约咨询服务。这就解决了门店过度拥挤带来的安全问题，并为顾客提供了深度接触的体验。它还导致了更高的销售率，因为预约的购物者是那些积极寻找解决方案并愿意为其付费的人，而不是那些随便看看的人。

同样，新冠肺炎危机和相关的安全顾虑推动了远程医疗的发展，这是人们期待已久的，技术进步促进了这一发展。远程医疗允许医疗从业人员在某些情况下，在病人舒适的家中为他们看病。这样患者就不必在最不想走动的情况下去医院或者诊所。

将企业使命放在首要位置

正如第五章所讨论的，阐明公司的崇高使命是战略上的当务之急。但同样重要的是，崇高使命也有助于建立一种豁达的心态和新的可能性，尤其是在艰难时期。当百思买认为自己是销售消费电子产品的连锁商店时，周围风声鹤唳。然而，当公司将自己的目标定义为通过技术丰富客户的生活时，这就激励公司的员工看到新的市场，可以对人们的生活产生有意义而且持久的影响。这就是我在 2017 年对投资者所说的，百思买做的不是大宗商品业务，而是关于如何提升人们幸福指数的生意。公司使命的制定为企业开辟了禁得起时间和风浪、市场和技术变革考验的机会。使命是一条你永远无法企及的地平线。二三十年后，无论是全息商店还是无人机送货，技术仍将为丰富人们的生活提供机会。

新冠肺炎大流行等危机迫使我们专注于企业使命，扩大我们的视野。明尼阿波利斯艺术博物馆在危机最严重的时候关门了，但它"通过艺术的力量激发奇迹"的使命并不局限于博物馆的高墙之内。在博物馆宗旨的驱使下，工作人员发起了一系列活动，让任何能上网的人都可以在家探索博物馆的藏品，收听播客，并参加虚拟活动。因此博物馆能够以新的方式，在更广泛的受众中创造奇迹，突破距离和实体的限制。

一些餐厅也开发了取餐或者送餐服务，甚至兴起了食品原料配送业务，让顾客可以在家里制作他们最喜爱的餐食，这也体现了同样的理念。专注于更广泛的目标，可以让它们接触到超出座位容量的人群。

· · ·

有一本流行的法国漫画书讲述了——阿斯特里克斯和奥比里克斯的故事。公元前 50 年，他们在位于今天法国布列塔尼的一个小村庄完成了一件看似不可能的事情——对抗强大的罗马帝国。罗马帝国征服了高卢的其他地区，但一次又一次地未能拿下这个村庄。这个村庄的武器就是德鲁伊的秘密药水，喝了它的人能获得超人的力量。

超越所有期望的表现并不局限于漫画书。这也可能发生在商业领域。但和阿斯特里克斯一样，它需要人的魔力。然而，与阿斯特里克斯不同的是，产生这些结果的药剂并不是秘密，正是我们刚刚介绍的五种基本要素。

第一部分讨论了工作的新视角，第二部分介绍了一个有使命的人类组织的架构，第三部分介绍的人的魔力的要素并不足以重建商业，还需要一个要素——新型领导者。

本章思考

- 你是在一个充满可能还是充满限制的环境中工作？
- 你是如何定义自己和公司的价值的？你的目标是成为第一还是努力做到最好？
- 你是否能够重新定义自己和组织的发展前景？
- 挑战会如何影响你？是让你精疲力竭，还是激励你？
- 你如何将公司的发展战略与你的目标联系起来？

第四部分

有使命的领导者

本书提出的商业观点是基于不同工作方法（第一部分），对公司角色和性质的另一种看法（第二部分），以及对释放卓越表现的所必需的环境的看法（第三部分）。为了把所有这些因素结合起来，我们必须改变传统的领导力观点。这就是本部分要讲的内容。聪明、强大、超级英雄型的领导者模式已经过时。今天的领导者必须有明确的使命，清楚他们为谁服务，意识到自己的真正角色是什么，受价值观驱动，并且要真实，这就是有使命的领导者的五个必备能力。

第十四章

我们如何领导很重要

你做出了明智的选择。

——圣杯骑士，《夺宝奇兵 3 之圣战奇兵》

2000 年，当我领导威望迪环球电子游戏部门时，母公司威望迪集团收购了媒体巨头环球影视。我给我的老板发邮件，说明了为什么我应该成为领导两家公司整合团队的一员。我写道，我曾在麦肯锡从事管理公司合并后情况处理的工作，我有这方面的经验。老板同意了，并推选我来领导在美国从合并中"提取协同效应"的工作。我直接向威望迪在巴黎的首席运营官汇报。在董事会会议后的新闻发布会上，宣布了对我的任命。我非常兴奋。

我有觉得我的新工作实现了一个崇高的使命，或者我将对世界产生积极影响吗？老实说，我根本没想过这些。我必须承认我是出于个人野心才毛遂自荐的。我很高兴，因为我觉得我的新工作让我更接近巅峰。

不过，这种兴奋是短暂的，没有多少协同效应可以提取。环球的业务主要在美国，包括音乐、电影制片和主题公园，与威望迪最大的业务——主要位于法国的电话和付费电视服务——没有太多交集。我驱动自己做出了决定，得到了一份有声望，但基本上毫无意义的工作。最终，这份工作并没有给我带来多少快乐，我从一个会议赶到另一个会议，鼓励和监督基本上毫无意义的活动。幸运的是，这项工作在 18 个月后结束了。到 2002 年，威望迪的疯狂收购让公司背负了太多债务，使公司陷入危机。我成了领导公司重组团队的一员。

对威望迪合并后职位的竞争让我学到了宝贵的一课——要意识到，而且要小心，你的驱动力是什么。这迫使我问自己，我想成为什么样的领导者。从那时起，我就尝试用不同的标准来衡量未来职业的选择。它与我的目标一致吗？我能够在这个职位上做出积极贡献吗？我会喜欢吗？换句话说，这个机会有意义、有影响力吗？它会带来快乐吗？这些是我在考虑成为百思买 CEO 时问自己的问题。人们都认为我疯了，但对我来说，这个职位符合这三个关键标准。

想成为什么样的领导者是我们要做的两个最关键的选择之一。第二个选择是，我们还应该让谁担任领导职务。

我在成长的过程中，有三种关于领导力的观点影响着我，它们形成了我最初对这些问题的回答以及对更广泛的商业世界的想法：

- 领导者是超级英雄；
- 领导力是天生的；
- 人不会改变。

时间和经验已经证明，这些观点都是错误的，我们可以选择我们想成为的那种领导者。这种选择对我们所领导的组织和人员非常重要。

揭穿关于领导力的三个错误观点

观点 1：领导者是超级英雄

在我的成长过程中，我认为成功的领导者在很大程度上是靠自己找到的答案来拯救世界的。聪明——并确保所有人知道这一点——似乎是最好的领导者的标志。人们认为最好的学校会带来最好的工作，而最好的工作又会培养出最好的领导者。权力、名誉、荣誉和金钱是衡量职业成功的标准。说实话，这些考量影响了我早期的一些职业选择。

在商学院的最后一年，我被叫到院长办公室，在那里，我得到了一份工作邀请，做大型国有钢铁公司萨西洛尔董事长兼CEO 的助理。当时，该职位的前任已经准备高升，他和我一样，是班级毕业生的代表。我立即接受了这份工作，不是出于目标感，而是因为这份工作有声望，它所带来的人脉对我的职业生涯有帮助。那是我迈向法国商业精英圈子的第一步，这个圈子里都是来自几所顶尖商学院的聪明毕业生，他们后来成了强大的英雄型领导者，成为商界翘楚。

一个杰出的英雄型领导者单枪匹马拯救世界的想法根深蒂固，这可以追溯到古希腊及其所有强大的半神，其中最突出的是赫拉克勒斯，并一直延伸到今天的商业领域。在我职业生涯的早期，像通用电气的杰克·韦尔奇这样的杰出商业领导者因其才智、战略意识和强硬作风而备受尊敬。他们是无懈可击的天才，激发了一群准信徒。

然而，最近这种万无一失的领导者原型已经褪去很多光芒。首先，现在越来越多的人重视真实性和联系。威斯康星大学麦迪逊分校的心理学教授保拉·尼丹瑟的研究指出，我们天生就会察觉到不真实。[1] 在任何时候都表现出绝对正确、力量和权威——这是几十年来人们对领导者的期望——会给人留下不真实和疏远的感觉。此外，英雄型领导者模式没有考虑到企业使命这个商业的核心。超级英雄是属于电影而不是商业的。

成功的英雄型领导者很容易开始相信这样的神话——他们比

其他人聪明，是不可撼动的，最终是不可或缺的。人们很容易被权力、名誉、荣誉和金钱诱惑，也很容易与现实和同事脱节，因为周围都是马屁精和唯命是从的人。负责百思买沟通的马特·福尔曼完美地总结了这种心态。"我听够了，"他开玩笑说，"现在我们谈谈我的缺点吧！"

历史上被视为商业天才或超级英雄的知名 CEO 比比皆是，他们从杂志封面人物变成狱中囚犯，从安然公司的杰夫·斯基林、日产汽车的卡洛斯·戈恩，到奎斯特通信公司的约瑟夫·纳奇奥，再到世通公司的伯尼·埃伯斯。

多年来，我一直纠结于反馈意见，让个人抱负推动早期职业决策，这说明我曾经是如何被神话般的超级英雄型的 CEO 模式吸引的。当我意识到，这不是我想成为的那种领导者时，我主动决定远离这个陷阱。当我成为百思买 CEO 时，我对公关团队说："你们的使命是确保我永远不会登上任何杂志的封面。"我坚持尽可能地坐民航班机。我为自己设置了护栏，确保自己脚踏实地。我想确保我的自负不会打败我。

"我个是百思买 CEO。"我在加入百思买不久后在明尼阿波利斯当地报纸的一篇专栏文章中说。我的意思是，虽然我很荣幸担任了这个工作，但不会受到工作的局限。我从一开始的目标就是成为可有可无的人。这是为什么我决定在 2019 年把 CEO 的接力棒交给科瑞·巴里及其团队。我觉得我已经完成我要做的事情，这是一个很容易的决定。百思买经营得很好，有杰出的员工和管理团队。英雄型领导者喜欢走在前面，引人注目。在领导层换届的情况下，我想说，成功的关键是不引人关注。只有在需要时，才出现在后台。一年后，过渡工作完成，我辞去执行董事长的职务。因为我从未将自己囿于百思买的 CEO，所以很容易离开。

观点 2：领导力是天生的

当劳埃德·布兰克费恩还是投资银行高盛的 CEO 时，我听过他在明尼阿波利斯俱乐部的一次演讲。布兰克费恩告诉我们，每天刮胡子的时候，他都会问自己："是今天吗？难道在今天，世界才意识到我不能胜任这份工作吗？"他是世界上最成功的银行家之一，都在怀疑自己的能力。我所知道的大多数领导者——包括我自己——都有这样的冒名顶替综合征。

这种综合征部分源于一种错误的观念，即领导力是一种天生的能力，是你与生俱来的智慧、自信和魅力。如果这是真的，那么只有少数出类拔萃的人，才能够胜任这份工作，而我们其余的人就没那么幸运了。然而，研究表明事实并非如此，伟大领袖的生平故事也是如此。像温斯顿·丘吉尔这样的标志性人物很难符合天生完美的领袖形象，他们完全成熟，随时准备给人以启发。早年，丘吉尔是一个出了名的差生，还有语言障碍。后来他成为20 世纪最杰出的领导人之一。是的，成为。我认为，大多数与

"天生"领导力相关的特质——从战略思维到口才——都是可以学习的。正如前面章节所述，在我的职业生涯中，教练和榜样帮助我成为一个更好的领导者。

观点 3：人不会改变

我在百思买工作期间，一位高管曾告诉我，她相信人不会改变，也改变不了。我强烈反对，因为我就是人会改变的活生生的例子。我今天的领导方式与 30 年前截然不同。我曾经以为，领导力是一种由数据和分析驱动的自上而下的战略规划方法，我现在则专注于企业使命和激发人的魔力。我曾经努力成为团队中最聪明的人，解决所有问题，现在则专注于创造一种环境，让所有人可以蓬勃发展，并找到解决方案。我曾经相信利润是商业的目的，现在我知道，这只是一种迫不得已的结果。

决定你将成为什么样的领导者

当我最终得出，领导者既不是天生的也不是超人的结论时，我意识到我可以自由决定我将成为什么样的领导者。我的选择显然对我很重要，它也会影响我与他人的互动方式，并通过我安排的人来领导他人，在组织中产生反馈。

有太多的模式可供选择，书架上摆满了倡导不同领导方法的书，并贴上了不同的标签。[2] 克莱顿·克里斯坦森在 2010 年给哈佛商学院的毕业生提出了这样的建议:"考虑一下评判你人生的标准,下定决心过好每一天,最终,你的人生将被认为是成功的。"[3] 这对我是个很好的框架。要决定你想成为什么样的领导者,要思考三件事——你的动力是什么,你想留下什么遗产,你如何坚持到底。

你的动力是什么

2018 年秋天,我花了一个周日的下午在曼哈顿中城参加设计师爱塞·伯赛儿的一个研讨会,主题是设计你所爱的生活。爱塞鼓励人们用设计的原则来思考人生的选择。在一个特别深刻的练习中,她让我们思考我们崇拜的人。我的名单上有各种各样的人,从甘地到美敦力前 CEO 比尔·乔治。爱塞让我们写下名单上那些让我们钦佩的人的品质。我列出来的品质似乎集中在对世界产生重大影响的意愿和能力,以及坚定的支持和帮助他人的承诺。

"这就是你想要的。"爱塞告诉我们。我们应该把这些品质视为自己的品质,并采取相应的行动。

这次练习的时机恰到好处。我已经开始考虑离开百思买。虽然这些年来,我在洛约拉精神训练中所确定的目标没有改变,但爱塞的研讨会帮助我进一步明确了对我来说重要的品质,并更大胆地将它们带到我接下来要做的事情中。

你想留下什么遗产

这是第二个问题，也是值得花时间考虑的问题，并确保你的决定以及你如何花费你的时间、努力和精力要反映你的选择。你是如何弄清楚的？高管领导力教练兼作家霍顿斯·让蒂尔经常让她的客户写讣告。这是一种让他们专注于自己想要实现的目标，以及他们所做的选择都与目标一致的强有力的方法。同样，在哈佛商学院为新任 CEO 举办的研讨会上，迈克尔·波特教授要求参加者写下他们的退休演讲。他们希望如何被记住？他们希望自己的贡献是什么？他们想留下什么遗产？

当然，当被问到这些问题时，很少有高管会强调他们会赚多少钱，他们解雇过多少人，或者他们上过多少本杂志的封面。

你如何坚持到底

克里斯坦森在对 MBA（工商管理硕士）毕业生的演讲中指出，没有一个成功的高管是注定要去坐牢的。但是高成就者倾向于无意识地把他们的时间和精力分配到能带来短期有形成就和认可的事情上，而不是他们认为最重要的事情和人上。[4] 纠正这些倾向需要自我意识，并养成每天与自己保持沟通的习惯。马歇尔·古德史密斯鼓励他的客户写下一系列关于反映重要价值观的行为的问题，并每天扪心自问，自己是否尽了最大努力按要求去做了。无论你选择何种形式的自省，每天都要按下"暂停"键，确保你与你的目标保持联系，并按照目标来生活。除了自我意识和坚持自己的原则，我们选择依靠家人、朋友、同事、教练、导师或好的董事会来充当护栏，帮助我们坚持正道，或者在我们出错时重回正道。

• • •

我不再认为，作为领导者，我的职责是把所有问题都弄清楚。

选择为什么、如何行使权力，以及把权力交给谁，是领导者必须做出的最关键的选择。公司是由追求共同使命的个人组成的人类组织，这种观念意味着我们需要改变我们对各级领导者的期望。

现在需要的是一种把目标和人放在首位的领导风格，我称之为有目的性领导。

本章思考

- 你认为你现在是一个什么样的领导者？
- 目前为止，什么促使你做出职业决定？
- 你想成为什么样的领导者？
- 你希望人们如何记住你？

第十五章

领导者的目标

我们可以做得更多。

只要有正确的领导，我们就能拯救世界。

——阿德里安·维特，《守望者》，2009 年

2013 年 1 月，时任百思买人力资源和门店主管莎莉·巴拉德鼓励我说出我认为如何才能成为一名伟大的领导者。她认为，如果 CEO 们做出的最终的决定是选择谁担任领导职务，我们就必须清楚做出这些决定所依赖的标准。然而，我的扭亏为盈计划刚刚实施，百思买仍然处于危急状态。我觉得应该把重点放在行动上，而不是口头上，所以我当时拒绝回答这个问题。

当然，莎莉是对的。几年后，在我们拯救了公司并开始实施增长战略后，她再次敦促我分享我的领导力原则。我感觉时机到了。我分享了我不仅是在百思买，而且是在 20 多年的行业领先公司，所形成的关于我认为的有目标性的领导力的所有想法。

这些思想贯穿了整本书。从本质上讲，我认为它们是有目的性领导的五个"要"。

要清楚你的目标，你周围人的目标，以及如何将它们与公司使命联系起来

在招聘领导时，我过去常常问应聘者的经验和他们长期以来培养的技能，他们的职业目标，以及他们是否适合公司，通常的标准是什么。这些算是最重要的考量。

现在，我记得玛丽莲·卡尔森·尼尔森在从巴黎飞往明尼阿波利斯的航班上问我的关于我的灵魂的问题，我花了更多的时间去了解一个应聘者的梦想和目标。"什么给了你能量？"我问，"你的驱动力是什么？"

接替我担任百思买 CEO 的科瑞·巴里说："我的目标是留下一些比我刚发现时更好的东西。在我的社区，在我的家庭和在百思买都是如此。"科瑞非常清楚自己的人生目标，以及它如何与百思买通过科技丰富生活的使命相联系。在成为 CEO 之前，她帮助带领公司找到新的方向，比如医疗保健，这符合她自己和百思买的目标。

如今，她被《财富》杂志列为最具影响力的女性之一，并成为《财富》世界 500 强最年轻的 CEO 之一，她的目标从未改变。

每天下班回家时，她都会问自己，为什么那天百思买的情况会有所好转，因为有她在。

既然我已经辞去百思买的董事长和 CEO 的职务，那么目标的问题——不仅是自己的目标，而且同样重要的是，理解是什么驱动着其他人——就是我经常与我指导的领导者讨论的一部分。最近，一位成功的 CEO 需要团队成员的帮助。他觉得他们各自为战，主要推进自己职责范围内的事情，而不考虑整个组织。我们都意识到，尽管他清楚自己和组织的使命，但他并不知道什么驱使着他周围的人。不知道这一点，他很难帮助他的团队成员将自己的目标与组织的使命联系起来，并为所有团队成员提供一个共同、起支配作用的动力。

在新冠肺炎大流行期间，我交谈过的许多商界领袖都认为，这场危机就是一个关键时刻，让他们明确自己的目标，并将其与公司的使命联系起来。机会就在那里，帮助他人，在人性中引领。他们明白，用丘吉尔的话说，这可能是，也应该是他们"最辉煌的时刻"，他们想要抓住机遇。他们知道，他们的表现将由公司及其领导层如何实现更高的使命和如何照顾多个利益相关者来判断，而不是公司的股价或每股收益是否达到预期目标。

要明确自己作为领导的角色

2014 年，黑色星期五（一年中零售商最繁忙的日子之一）

前两周，执法部门联系百思买，说我们可能遭到了数据泄露。这可能是灾难性的。我非常担心。我们还在扭亏为盈时期，数据泄露可能会破坏整个假日销售季和"蓝色复兴"运动。第二天一早，我召集了我们的危机管理团队，包括来自 IT、运营、法务、通信和财务等部门的代表，在一个没有窗户的小会议室里开会。我们围着一张长桌坐着，气氛凝重。我应该怎么办？发泄愤怒，表达沮丧情绪？我应该介入解决问题吗？

我把所有的这些想法放在一旁，提醒自己要稳重，做一个恒温器而不是一个温度计，情绪不能波动，这样才能做到积极向上。

我说："没有人会希望黑色星期五前两周发生这样的事情，但这是一个令人难以置信的领导时刻，我们必须决定如何度过这次危机。它给了我们一展身手的机会，成为最好的自己，从自己做起。你们都是非常有能力、有才华的人，我期待与你们每一个人合作，这样我们就能创造最好的结果。现在我们开始处理问题吧。"

我们之前演练过，如果发生数据泄露，我们会怎么做，所以我们有备而来。幸运的是，联邦调查局的电话证明这是一场虚惊，没有数据泄露。但这提醒了我，我作为领导者的角色是激发能力和动力，尤其是身处绝境的时候，那就是帮助别人找到可能性和潜能，创造能量，给人启发和希望。30 年前，我不会有这个想法，但这对目标型领导者的角色十分重要。换句话说，正如约翰·昆西·亚当斯所言："如果你的行为能激励别人有更多的梦想，学更多的东西，做更多的事，有更多的担当，你就是领袖。"

你不能选择环境，但是你能够控制自己的心态。你的心态决定了你是给周围人带来希望、灵感和能量，还是让所有人失望。所以，要做出正确的选择。我在卡尔森工作的时候，每天早上我都会想起这件事。公司的创始人科特·卡尔森的雕像矗立在公司总部的大厅里，上面刻着几个拉丁词"Illegitimi non carborundum"，意思就是"别让那些浑蛋把你磨灭了"。

要明确在为谁服务

我曾经对百思买的高管们说："如果你们认为在为自己、上司或为作为 CEO 的我服务，没关系，那是你们的选择。如果是那样，你们不应该在这里工作，你们应该被提升为顾客。"我的意思是，百思买没有给那些主要目的是发展自己事业的人的空间。一位聪明的高管，凭借自己的专业知识和经验被聘用，最终离开了百思买，很大程度上是因为他的个人抱负。他主要是为自己服务，这使他与同事产生分歧。

一些领导者认为，有魄力、听从自我对他们的事业有好处。但你想成为这样的人吗？这是你必须做出的选择吗？我的朋友、负责史宾沙 CEO 业务的吉姆·西特林表示，最优秀的领导者不是爬到最高层的，而是被抬到最高层的，而这是服务他人的结果。

作为领导者，你必须服务第一线的员工，推动企业的发展。要想为你的同事服务，为董事会服务，为你周围的人服务，首先你要了解他们需要什么才能够做到最好，这样你才能尽可能地支持他们。

高管教练马歇尔·古德史密斯曾经告诉我，要把每个人当成客户。例如，你对待航空公司的员工或餐厅的服务员的方式将会大大影响你得到的服务。这是我曾经工作过的一家公司的一位高管历经磨难得到的教训。他曾因为航班取消而被困在机场。当他在服务台排队，等待改签航班时，他失去了耐心，走到队伍的前面，低声对服务台后面的人说："你知道我是谁吗？"

这时，航空公司的工作人员对排队的旅客说："女士们，先生们，我需要你们的帮助。这里有人需要确认身份，这位先生竟然不知道自己是谁！"

为避免落入权力、名誉、荣誉和金钱的陷阱，需要警惕和适度的自我意识。即使是最优秀的人也会陷入自负或野心，像机场的那位高管一样，试图利用自己的职位插队。正如第十四章所述，在自我和野心的驱使下，在竞聘一份声望很高但基本上毫无意义的工作时，我就落入了这个陷阱。在说话或行动之前，要清楚你的动机以及你要为谁服务。

要受价值观驱动

我在麦肯锡工作时，曾向我的一位合伙人拉斯·弗拉金寻求一些领导力建议。弗拉金后来成为百思买董事会的首席独立董事。他告诉我："说出真相，做正确的事。"

在很大程度上，我们都认同什么才是正确的——诚实、尊重、责任、公平和同情。理论上，每家公司都有伟大的价值观。但如果价值观只停留在理论上，那就有问题了。受价值观驱动是正确的，不仅仅知道或说什么是正确的。领导者的角色要遵循这些价值观，明确地推行，并确保它们成为企业的一部分。例如，强生就以其《信条》而闻名。强生公司创始人的儿子在 1943 年首次撰写了《信条》。1982 年，在有人因服用了被氰化物污染的药片而死亡后，该公司决定立即召回 3100 万瓶泰诺。泰诺是其最畅销的产品之一，这彰显了公司领导者是如何遵守公司《信条》的。即使在今天，强生公司还会定期让员工评估公司是否遵守了《信条》，几轮"信条挑战"也培养了围绕这些价值观的公开讨论，质疑它们的相关性，并重新解读它们是如何规范当前的公司的。

同样，在卡尔森和百思买，我建立了价值观日。在这期间，公司的每一位员工都会花时间与同事讨论公司的价值观，讨论我们在这些价值观上做得有多好，以及我们可以做些什么来更充分地践行这些价值观。

当然，知道并做正确的事并不总是那么简单。但是哈佛大学教授克莱顿·克里斯坦森指出，百分之百坚持原则要比百分之九十八坚持原则要容易，做一件违背你价值观的事情的边际成本可能看起来很低，但"仅此一次"可能最终会让你进监狱，因为一旦出现第一次例外，价值观就会变得越来越模糊。[1] 所以，如果你拒绝屈服于"仅此一次"，记得说真话，做正确的事情，选择就会变得更容易。

在危机期间，当压力冲击我们对正确事物的认知时，坚持价值观尤为重要。保健公司百特国际前董事长兼 CEO、凯洛格商学院领导力教授、私募股权公司麦迪逊·迪尔伯恩执行合伙人哈里·克雷默表达了许多领导者在新冠肺炎危机期间的感受："你感到担心、恐惧、焦虑、压力和紧张。这些感觉完全压倒了你。结果就是，你几乎变得无能为力。"

在他看来，领导者应对危机需要遵循的主要原则或信条之一就是要相信自己将做正确的事情，并尽可能做到最好。克莱默承认做正确的事情比听起来要难得多。但是，如果你周围都是信任你的人，他们的价值观与你和公司的价值观一致，你就不需要自己去弄清楚。你们将一起决定正确的事情，然后尽你所能去做就可以了。[2]

在新冠肺炎危机期间，我对价值观是如何指导百思买领导层的感到自豪。在大多数州，百思买提供了必要的服务——帮助人们在家工作和学习，获得适当的设备和支持——这证明了门店营业是合理的。需求飙升，但必须平衡更基本、更根本的优先事项——员工和客户的安全。当员工担心自己的安全，顾客也变得紧张时，科瑞和她的团队毫不犹豫地关闭了门店。几天之内，百思买将运营模式转变为非接触式的懒人提货。我们无法知道关闭门店会对公司的利润产生什么影响，但这并不重要，重要的是首先要做正确的事情。

受价值观驱动还意味着当你与周围环境——同事、老板、董事会或公司的价值观和使命不一致时，知道什么时候离开。俗话说，知道你能够改变什么和不能改变什么的区别是需要智慧的。我之所以离开 EDS 法国分公司，很大程度上是因为新任 CEO 对利润和员工的看法与我产生了冲突。

要真实

2020 年 6 月 11 日，我辞去了百思买执行董事长的职务。从很多方面来看，这似乎比 2019 年的 CEO 接棒步子更大。尽管我会继续为百思买和它的员工欢呼、赞赏和支持，但我在公司没有任何正式职务了。在美好的 8 年之后，我清空了我的办公室。由于美国正处于新冠肺炎大流行期间，我不得不通过邮件的形式告别。"我爱你们"是我发给我们的高层领导和董事会成员电子邮件的标题，我曾与他们密切合作。最重要的是，我想表达我的感受。用英国作家 A.A. 米尔恩的话来说，我感到很幸运，因为有让我很难说再见的东西。我在一段告别视频中向百思买的所有员工表达了类似的情感。"再见，我的朋友们，"我总结道，"我会一直把你们记在心里。"

以这种方式吐露心声和灵魂在几年前是不可想象的。有人告诉我，人们最长的旅程是头脑和心之间的 18 英寸。这的确是一个漫长而艰苦的旅程。和我们这一代的许多领导者一样，我一直认为，不应该在商业环境中分享情感。我有很多东西要忘却，我花了一生的时间去做到第五个"要"，对我来说也是最难的——做自己，真正的自己，完整的自己，最好的自己。

我们都听说过工作与生活平衡的观念。平衡家庭、朋友、休闲和工作是一个重要的考虑因素，但这句话本身表明了生活在工作之外，工作不同于生活，工作也不是真正的生活。

在新冠肺炎大流行期间，当如此多的人在家工作时，这种观念消失了。我们真的把一切都带到了工作中，包括孩子、狗和猫。我们的人性从未如此彰显。这并不总是舒适或容易的。但我们必须以全新的视角和全部的人性看待彼此，并展现自我。

我们的员工期待我们要人性化，他们希望我们了解他们是谁，让他们感到被尊重、被倾听、被理解和被包容。这意味着我们必须敞开心扉，让自己展现脆弱，包括承认我们不知道的东西。

布琳·布朗指出，脆弱性是社会关系的核心，社会关系也是商业的核心。

这种关系从我们每个人开始。

本章思考

- 你想成为什么样的领导者?

- 你将如何描述你的目标?

- 你要怎样做才能创造一种让他人茁壮成长的环境?

- 你在为谁服务?

- 你的价值观是什么?

- 你是否尽力做到真实、平易近人和展现脆弱?

呼吁行动

亲爱的读者：

我们将何去何从？

我们每个人能做些什么来把使命和人放在商业的核心？

我们每个人能做些什么来真正释放人的魔力并产生意想不到的结果？

我们每个人能做些什么来放大这场运动，围绕本书提出的有目的的和人性化的领导力原则，对商业和资本主义进行必要的重建？

这些都是重要而紧迫的任务。我们必须要为所有利益相关者的利益，为这个星球的所有公民采取行动。

那么，需要采取什么行动呢？

好消息是，目的和利益相关者资本主义的理念在美国和世界各地的商界已经取得长足进步。在我看来，大部分领导者都相信这种方法，至少在高层是这样。但我的个人经验告诉我，理解和实践之间是有差距的。在我看来，要把思想和语言变成现实，还有很多工作要做。

我所呼吁的重建需要我们每一个人以及每一个利益相关者群体做出改变。

我想说的是，改变自己的有效方式就是改变自己的行为。让我们通过思考我们能做什么来结束这本书。

我们每个人都有自己的角色。

致领导者

我喜欢这样一个故事，讲述的是一个人想要改变世界。他最初搬到了加尔各答去帮助穷人中的穷人。但他并不快乐，于是，他想也许他应该搬到纽约去帮助那里的穷人。但他仍然不快乐，"也许我应该照顾好我的家庭，尽我所能帮助我的妻子和孩子"，他想。然而，他并没有高兴多少。经过很长一段时间的思考，他得出结论，也许他应该对自己做点什么。所以，他改变了自己，他因此最终改变了世界。

要想成为第十五章中所描述的有目标的领导者，我们所有人必须从自己开始。要清晰地表达并与驱动我们的事物保持联系，就需要内省和反思。如果我们不与自己深入联系，就不可能真正与他人联系。[1] 为了帮助我们周围的人成功，让他们成为最好的自己，我们也必须努力成为最好的自己，日复一日。

　　所以，从你自己开始。

　　成为你应该成为的领导者。

　　追寻你想看到的改变。

致公司

　　任何一个农民都会告诉你，种在贫瘠土地上的种子不会生长，你首先要确保土壤是肥沃的。

　　公司也是如此。在追求崇高使命的过程中，公司的第一步并不总是明确公司的使命。也许更合适的做法是，首先专注于创造一个健康的环境，确保员工找到他们的存在感，觉得自己很重要。只有这样，一个崇高的使命才能生根发芽。

　　当时机成熟时，花时间和你的团队共同建立一个崇高的使命，需要考虑以下四个方面：（1）世界需要什么；（2）公司的能力；（3）员工的驱动力是什么，他们对什么充满激情，他们渴望什么；（4）如何赚钱。

　　你应与团队将公司的崇高使命转化为具体的战略举措，从而推动公司有意义地向前发展。在开始沟通任务之前就要做好这些工作。正如营销大师罗恩·泰特所说的"想-做-说"三步走。当沟通时机成熟时，用足够实际和直接的语言表达崇高的使命，让公司的所有员工明白，这对他们来说意味着什么，以及他们如何将自己融入公司的发展过程。

要想成功，采用新的崇高使命可能需要公司进行重大转型。这可能需要改变完成工作的方式。这不仅关乎战略，还关乎改变组织中的人，创造一个人人都可以成长，人的魔力得到释放的环境。

致行业、部门和社区领导者

你们的影响超出了公司的范围。你们是一个生态系统不可或缺的一部分，包括你的部门或当地社区。找出你可以影响的系统性变化，例如，种族不平等、环境问题，然后与同事们一起解决这些问题。这是你工作的一部分。通过行业倡议、新规范和改进标准的集体行动，通过使竞争领域趋于平等，加速了必要的变革。

致董事会

问问自己，你们在多大程度上按符合这些原则的方式履行了自己的责任。

- 公司选择、评估、补偿、发展和提拔领导者的方式是否反映了有目的和人性化的领导力原则？
- 公司的战略是否以一种有意义的方式根植于与所有利益相关者相关的崇高使命？

- 公司设定目标和管理绩效的方式是否反映了这些原则？

- 董事会是否帮助塑造公司文化？董事会是否要求管理层有责任创造一个每个人都有归属感的环境，并代表公司客户和当地社区的多样性？

- 公司的政策、风险管理和合规程序是否与公司的使命，以及有目标性、人性化的领导力原则一致？

致投资者、分析师、监管机构和评级机构

问问你们自己，你们还能够做些什么来更好地将评估和投资决策与有目标性、人性化的领导力原则相结合。

我们已经着手开发新的标准、规范和工具，以帮助评估公司对所有利益相关者的照顾情况。例如，世界经济论坛和可持续发展会计标准委员会一直在推动将可持续性措施纳入企业绩效评估的举措。

然而，还需要进一步研究。例如，代理咨询公司在评估高管薪酬时仍然只关注股东回报，会计标准在评价经济绩效时仍然没有纳入外部因素。

致商学院

许多商学院已经开始将目标和人文因素纳入未来领导者的教育。他们知道最好的领导者不是那些能很好地写出营销中的 4P

原则或计算投资净现值的人。

我们还需要做更多的工作：我们如何帮助商学院的学生在成为更好、更有目标性、更团结、更人性化的领导者的过程中取得进步，而不是成为超级英雄；我们如何教学生将战略根植于一个崇高的使命，创造环境，让其他人做到高效和受启发，并肩负他们对所有利益相关者的责任。

• • •

亲爱的读者，我们每个人都应该把这项运动发扬光大。

尽管我已经离开百思买，开始了我人生的新篇章，但我渴望为这项事业发声，并贡献自己的力量。这是促使我写这本书的原因。这也促使我于三年前决定在我的母校法国巴黎高等商学院设立一个关于"有目标的领导力"课程，并与教职员工合作推进这一事业。这也是我加入哈佛商学院的原因。在这里，我很高兴能够支持优秀的同事帮助培养下一代领导者。我和我的妻子——杰出的行政领导教练和广受赞誉的作家霍顿斯·让蒂尔，都渴望支持其他寻求成为最好的自己的领导者，从一个有目标性和人性化的角度进行领导，并对世界产生积极影响。

你想如何做出贡献？

让我们共同努力，让使命和人成为企业的核心。

注释

序言

1. Lisa Earle McLeod, *Leading with Noble Purpose: How to Create a Tribe of True Believers* (Hoboken, NJ: Wiley, 2016).

第一章

1. Marcus Buckingham and Ashley Goodall, *Nine Lies about Work: A Freethinking Leader's Guide to the Real World* (Boston, MA: Harvard Business Review Press, 2019), Appendix A, 237–245.

2. Jim Harter, "Dismal Employee Engagement Is a Sign of Global Mismanagement," Gallup Workplace Blog, https://www.gallup.com/workplace/231668/dismal-employee-engagement-sign-global-mismanagement.aspx.

3. Gallup, *State of the Global Workplace* (Washington, DC: Gallup, 2017), 5.

4. Andrew Chamberlain, "6 Studies Show Satisfied Business Employees Drive Business Results," *Glassdoor*, December 6, 2017, https://www.glassdoor.com/research /satisfied-employees-drive-business-results/.

5. Glassdoor, "New Research Finds That Higher Employee Satisfaction Improves UK Company Financial Performance," March 29, 2018, https://www.glassdoor.com/about-us/new-research-finds-that-higher-employee-satisfaction-improves-uk-company-financial-performance/.

6. 在 2016—2017 年进行的一项为期一年的研究中，来自 15 个国家的 75 家公司的 50 多万名员工参与了调研。测评和提高员工敬业度的平台格林特发现，员工满意度得分不佳的人在接下来的 6 个月辞职的可能性是其他人的 5 倍，在接下来的 12 个月里，辞职的可能性是那些得分中性或积极的人的 12 倍。

7. Buckingham and Goodall, *Nine Lies about Work*, Appendix A, 237.

8. Glint customer studies.

9. 亚里士多德的职业等级制度把工作——无论是奴性的，还是技能性的——排在最底层，次于实践或者将想法付诸实践，也次于被认为是最高尚的生活方式的理论或理智思考。

10. 罗马诗人维吉尔讲述了朱庇特的故事，朱庇特要求人类通过劳动满足自己的欲望，而不像众神那样无须承担劳动负担。西塞罗认为工作是庸俗的，有辱身心。

11. "地必为你的缘故受诅咒。你必终身劳苦，才能从地里得吃的。"亚当吃了禁果后，上帝告诉他（《创世记》3:17），"你必汗流满面才得糊口，直到你归了土。"（《创世记》3:19）从这个角度看，工作似乎是必要的，也是痛苦的。

12. Adam Smith, *Wealth of Nations* (New York, NY: Random House, 1937), 734–735.

13. 从这个角度看，工作唯一的目的是谋生，但工作本身没有内在效用。"Work is a necessary evil to be avoided," said Mark Twain. And according to Austrian journalist Alfred Polgar, "Work is what you do so that some time you won't have to do it anymore."

14. General Stanley McChrystal, Swith Tantum Collins, David Silverman, and Chris Fussell, *Team of Teams: New Rules of Engagement for a Complex World* (New York, NY: Portfolio/Penguin, 2015).

15. McChrystal, Collins, Silverman, and Fussell, *Team of Teams*.

16. 根据 ADP 研究院的全球调查报告；see Buckingham and Goodall, *Nine Lies about Work*, 244–245.

第二章

1. Khalil Gibran, "On Work," in *The Prophet* (New York, NY: Alfred A. Knopf, 1923).

2. Genesis 2:15.

3. 这以教皇通谕的形式出现，这些通谕最终整理于若望·保禄二世时期出版的《天主教会社会教义纲要》。

4. John Paul II, "Laborem Exercens," September 14, 1981, http://www.vatican.va /

content/john-paul-ii/en/encyclicals/documents/hf_ jp-ii_enc_14091981_laborem
-exercens.html.

5. "All men were created to busy themselves with labor for the common good," said
John Calvin.

6. John W. Budd, *The Thought of Work* (Ithaca, NY: Cornell University Press, Kindle
Edition), 166. Also, Islam teaches that "the best of men are those who are useful to
others" (162).

7. Budd, *The Thought of Work*, 166. 个人被教导要"不断努力为世界的福祉服
务，通过对无私工作的奉献，一个人能实现人生的最高目标"。印度教精神
教育家和作家伽亚特里·纳雷因认为，"在工作中应加入服务的维度，将人
置于工作的核心，并赋予工作通常缺乏的意义和目的"。See Naraine Gayatri,
"Dignity, Self-Realization and the Spirit of Service: Principles and Practice of
Decent Work," in *Philosophical and Spiritual Perspectives on Decent Work*,
ed. Dominique Peccoud (Geneva, Switzerland: International Labour Organ-
ization, 2004), 96.

8. Andrew E. Clark and Andrew J. Oswald, "Unhappiness and Unemployment," *The
Economic Journal* 104, no. 424 (May 1994): 648–659, https://www.jstor.org/stable/
2234639?read-now=1&refreqid=excelsior%3Ab2ef5905f5bcbaad19ec08dd2dd565d7
&seq=11#page_scan_tab_contents.

9. Juliana Menasce Horowitz and Nikki Graf, "Most U.S. Teens See Anxiety and
Depression as a Major Problem Among Their Peers," Pew Research Center,
February 20, 2019, https://www.pewsocialtrends.org/2019/02/20/most-u-s-teens-
see-anxiety-and-depression-as-a-major-problem-among-their-peers/.

10. Amy Adkins and Brandon Rigoni, "Paycheck or Purpose: What Drives
Millennials?," Gallup Workplace, June 1, 2016, https://www.gallup.com/
workplace /236453/paycheck-purpose-drives-millennials.aspx.

11. David Brooks, *The Second Mountain: The Quest for a Moral Life* (New York, NY:
Random House, 2019).

12. Bill George, *Discover Your True North: Becoming an Authentic Leader* (Hoboken,
NJ: John Wiley & Sons, 2015).

13. Hortense le Gentil, *Aligned: Connecting Your True Self with the Leader You're
Meant to Be* (Vancouver, BC: Page Two, 2019). Hortense le Gentil is also my
wife.

14. Gianpiero Petriglieri, "Finding the Job of Your Life," *Harvard Business Review*, December 12, 2012, https://hbr.org/2012/12/finding-the-job-of-your-life.

15. J. Stuart Bunderson and Jeffrey A. Thompson, "The Call of the Wild: Zookeepers, Callings and the Double-Edged Sword of Deeply Meaningful Work," *Administrative Science Quarterly* 54, no. 1 (March 2009): 32–57.

16. Dan Ariely, "What Makes Us Feel Good about Our Work?," filmed October 2012 at TEDxRiodelaplata, Uruguay, video, 20:14, https://www.ted.com/talks /dan_ariely_what_makes_us_feel_good_about_our_work.

第三章

1. Marshall Goldsmith with Mark Reiter, *What Got You Here Won't Get You There: How Successful People Become Even More Successful* (New York, NY: Hachette Books, 2007).

2. Etienne Benson, "The Many Faces of Perfectionism," *Monitor on Psychology* 34, no. 10 (November 2003): 18, https://www.apa.org/monitor/nov03/manyfaces.

3. Brené Brown, *The Gifts of Imperfection: Let Go of Who You Think You're Supposed to Be and Embrace Who You Are* (Center City, MN: Hazelden Publishing, 2010), 7.

4. Brené Brown, "The Power of Vulnerability," filmed June 2010 at TEDxHouston, Texas, video, 20:04, https://www.ted.com/talks/brene_brown_the_power_of_vulnerability/transcript?language=en.

5. Jeff Bezos, "Annual Letter to Shareholders," April 6, 2016, US Securities and Exchange Commission, https://www.sec.gov/Archives/edgar/data/1018724 /000119312516530910/d168744dex991.htm.

6. Carol Dweck, *Mindset: The New Psychology of Success* (New York, NY: Random House, Kindle Edition, 2007), 20.

7. Thomas Curran and Andrew P. Hill, "Perfectionism Is Increasing over Time: A Meta-Analysis of Birth Cohort Differences from 1989 to 2016," *Psychological Bulletin* 145, no. 4 (2019): 410–429, https://www.apa.org/pubs/journals/releases/ bul-bul0000138.pdf.

第四章

1. 爱德曼公司最近的一项调查显示，世界各地的大多数受访者认为，目前形式的资本主义弊大于利。皮尤研究中心的数据显示，三分之一的美国人对资本主义持负面看法。当被问及他们为什么认为这种制度不好时，他们给出了两个主要理由：一是制度不公平，导致财富不平等；二是资本主义本质的腐败和剥削，伤害了人类和环境。尽管婴儿潮一代仍然拥抱自由市场，但自 2010 年以来，年轻人明显对资本主义不再抱有幻想，现在只有一半的人认为资本主义是积极的——和社会主义一样。See Edelman, "Edelman Trust Barometer 2020," 12, https://cdn2.hubspot.net/hubfs/440941/Trust%20Barometer%202020/2020%20Edelman%20Trust%20Barometer%20Global%20Report.pdf?utm_campaign=Global:%20Trust%20Barometer%202020&utm_source=Website; Pew Research Center, "Stark Partisan Divisions in Americans' Views of 'Socialism,' 'Capitalism,' " FactTank: News in the Numbers, June 25, 2019, https://www.pewresearch.org/fact-tank/2019/06/25/stark-partisan-divisions-in-americans-views-of-socialism-capitalism/; and Lydia Saad, "Socialism as Popular as Capitalism Among Young Adults in the U.S.," Gallup, November 25, 2019, https://news.gallup.com/poll/268766/socialism-popular-capitalism-among-young-adults.aspx.

2. 2016 年 5 月，《时代周刊》杂志封面文章 "美国资本主义的大危机" 认为 "美国的市场资本主义体系已经崩溃"。2018 年，《经济学人》推出了 "打开未来" 专栏，进行了一系列讨论，旨在弥补资本主义的缺陷。See Rana Foroohar, "American Capitalism's Great Crisis," *Time*, May 12, 2016, https://time.com/4327419/american-capitalisms-great-crisis/; and https://www.economist.com/open-future.

3. Milton Friedman, "A Friedman Doctrine," *New York Times*, September 13, 1970, https://www.nytimes.com/1970/09/13/archives/a-friedman-doctrine-the-social-responsibility-of-business-is-to.html.

4. The Business Roundtable, "Statement on Corporate Governance," September 1997, 1, http://www.ralphgomory.com/wp-content/uploads/2018/05/Business-Roundtable-1997.pdf.

5. Edmund L. Andrews, "Are IPOs Good for Innovation?," Stanford Graduate School of Business, January 15, 2013, https://www.gsb.stanford.edu/insights/are-ipos-good-innovation.

6. Edelman, "Edelman Trust Barometer 2020."

7. BBC News, "Flight Shame Could Halve Growth in Air Traffic," October 2, 2019,

https://www.bbc.com/news/business-49890057.

8. Larry Fink, "A Fundamental Reshaping of Finance," 2020 letter to CEOs, BlackRock, https://www.blackrock.com/corporate/investor-relations/larry-fink-ceo -letter.

9. Charlotte Edmond, "These Are the Top Risks Facing the World in 2020," World Economic Forum, January 15, 2020, https://www.weforum.org/agenda/2020/01/ top-global-risks-report-climate-change-cyberattacks-economic-political.

10. Lynn Stout, " 'Maximizing Shareholder Value' Is an Unnecessary and Unworkable Corporate Objective," in *Re-Imagining Capitalism: Building a Responsible Long-Term Model*, ed. Barton Dominic, Dezso Horvath, and Matthias Kipping (Oxford, UK: Oxford University Press, 2016), chapter 12.

11. 全球可持续投资联盟，"2018 年全球可持续投资评论"，第八页。联盟认为的"负责任的投资"在这些地区的专业管理资产中所占的份额越来越大，从日本的 18% 到澳大利亚和新西兰的 63%（第三页）。http://www.gsi-alliance. org/wp-content/uploads/2019/06/GSIR_Review2018F.pdf.

12. 2017 年 6 月，监管全球金融体系的国际机构——金融稳定委员会气候相关金融信息披露工作组建议银行、保险公司、资产管理公司和资产所有者在其年度公开文件中披露与气候相关的金融信息（参见 https://www.fsb-tcfd.org/ publications/final-recommendations-report/）。黑石鼓励 CEO 们采纳这些建议。该建议明确表示，将投票反对那些在信息披露方面没有取得足够进展的公司的管理层和董事会，以及支持披露这些信息的商业做法和计划。参见芬克的"从根本上重塑金融"。

第五章

1. Lisa Earle McLeod, *Leading with Noble Purpose: How to Create a Tribe of True Believers* (New York, NY: Wiley, 2016).

2. Simon Sinek, "How Great Leaders Inspire Action," filmed September 2009 at TEDxPugetSound, Washington State, September 2009, video, 17:49, https:// www.ted.com/talks/simon_sinek_how_great_leaders_inspire_action.

3. Ralph Lauren, "About Us," https://www.ralphlauren.co.uk/en/global/about-us/7113.

4. Johnson & Johnson, "Our Credo," https://www.jnj.com/credo/.

5. Raj Sisodia, Jag Sheth, and David Wolfe, *Firms of Endearment: How World Class*

Companies Profit from Passion and Purpose, 2nd ed. (Upper Saddle River, NJ: Wharton School, 2014), https://www.firmsofendearment.com.

6. Sisodia, Sheth, and Wolfe, *Firms of Endearment.*

7. See, for example, Cathy Carlisi, Jim Hemerling, Julie Kilmann, Dolly Meese, and Doug Shipman, "Purpose with the Power to Transform Your Organization," Boston Consulting Group, May 15, 2017, https://www.bcg.com/ publications/2017 /transformation-behavior-culture-purpose-power-transform-organization.aspx.

8. Leslie P. Norton, "These Are the 100 Most Sustainable Companies in America— and They're Beating the Market," *Barron's*, February 7, 2020, https:// www.agilent.com /about/newsroom/articles/barrons-100-most-sustainable-companies-2020.pdf.

9. Larry Fink, "A Sense of Purpose," Larry Fink's annual letter to CEOs, 2018, https://www.blackrock.com/corporate/investor-relations/2018-larry-fink-ceo-letter.

10. CEO 是商业圆桌会议成员的公司雇员总数超过 1000 万人，年收入超过 7 万亿美元。https://www.businessroundtable.org/about-us.

11. Business Roundtable, "Statement on the Purpose of a Corporation," August 19, 2019, https://s3.amazonaws.com/brt.org/BRT-StatementonthePurposeofa CorporationOctober2020.pdf.

12. Business Roundtable, "Statement on the Purpose of a Corporation."

13. Global Justice Now, "69 of the 100 Richest Entities on the Planet Are Corporations, Not Governments, Figures Show," October 17, 2018, https:// www.globaljustice.org.uk/news/2018/oct/17/69-richest-100-entities-planet-are-corporations -not-governments-figures-show.

14. 摩根大通董事长兼 CEO、商业圆桌会议主席杰米·戴蒙表示："美国梦仍在继续，但正在减弱。""许多雇主都在为他们的员工和社区投资，因为他们知道，长远来看，这是成功的唯一途径。"先锋集团前 CEO 比尔·麦克纳布也持同样的观点，"通过更广泛、更全面地审视企业使命，董事会可以专注于创造长期价值，更好地服务每个人——投资者、员工、社区、供应商和客户。"See Business Roundtable, "Business Roundtable Redefines the Purpose of a Corporation to Promote 'An Economy that Serves All Americans,'" August 19, 2019, https:// www.businessroundtable.org/business-roundtable-redefines-the-purpose-of-a-corporation-to-promote-an-economy-that-serves-all-americans.

第六章

1. Kavita Kumar, "Amazon's Bezos Calls Best Buy's Turnaround 'Remarkable' as Unveils New TV Partnership," *Star Tribune*, April 19, 2018, http://www.startribune.com/best-buy-and-amazon-partner-up-in-exclusive-deal-to-sell-new-tvs/480059943/.

2. Kumar, "Amazon's Bezos."

3. V. Kasturi Rangan, Lisa Chase, and Sohel Karim, "The Truth about CSR," *Harvard Business Review*, January–February 2015, https://hbr.org/2015/01/the-truth -about-csr.

4. Marc Bain, "There's Reason to Be Skeptical of Fashion's New Landmark Environmental Pact," *Quartz*, August 24, 2019, https://qz.com/quartzy/1693996/g7-summit-new-fashion-coalition-unveils-sustainability-pact/.

5. Marc Benioff and Monica Langley, *Trailblazer: The Power of Business as the Greatest Platform for Change* (New York, NY: Random House, Kindle Edition, 2019), chapter 2, 26–33.

6. Jim Hemerling, Brad White, Jon Swan, Cara Castellana Kreisman, and J. B. Reid, "For Corporate Purpose to Matter, You've Got to Measure It," Boston Consult-ing Group, August 16, 2018, https://www.bcg.com/en-us/publications/2018/corporate-purpose-to-matter-measure-it.aspx.

第七章

1. Statista, "Small Appliances," n.d., https://www.statista.com/outlook/16020000/109/small-appliances/united-states.

2. 我们还不知道演讲最终会因为飓风桑迪推迟到 11 月 13 日。

第八章

1. Richard Schulze, *Becoming the Best: A Journey of Passion, Purpose, and Perseverance* (New York, NY: Idea Platform, 2011), 153.

2. RSA Animate, "Drive: The Surprising Truth about What Motivates Us," YouTube, filmed April 1, 2010, video, 10:47, https://www.youtube.com/watch?v=u6XAPnuFjJc&feature=share.

3. Daniel Pink, "The Puzzle of Motivation," *TEDGlobal 2009*, video, 18:36, https://www.ted.com/talks/dan_pink_the_puzzle_of_motivation/transcript?referrer

=playlist-why_we_do_the_things_we_do#t-262287.

4. 早在 20 世纪 70 年代，罗切斯特大学心理学系主任、教授爱德华·德西的研究就得出结论——根据表现支付报酬会削弱所谓的"内在动机"。

5. Samuel Bowles, "When Economic Incentives Backfire," Harvard Business Review, March 2009, https://hbr.org/2009/03/when-economic-incentives-backfire.

第九章

1. Shawn Achor, Andrew Reece, Gabriella Roser Kellerman, and Alexi Robichaud, "9 out of 10 People Are Willing to Earn Less Money to Do More-Meaningful Work," Harvard Business Review, November 6, 2018, https://hbr.org/2018/11/9-out -of-10-people-are-willing-to-earn-less-money-to-do-more-meaningful-work.

2. Bill George, *Discover Your True North: Becoming an Authentic Leader* (Hoboken, NJ: John Wiley & Sons, 2015).

第十章

1. Dan Buettner, "How to Live to Be 100+," filmed September 2009 at *TEDxTC*, Minneapolis, MN, video, 19:03, https://www.ted.com/talks/dan_buettner_how_to _live_to_be_100.

2. Charles O'Reilly and Jeffrey Pfeffer, *Hidden Value: How Great Companies Achieve Extraordinary Results with Ordinary People* (Boston, MA: Harvard Business School Press, 2000).

3. Raj Sisodia, Jag Sheth, and David Wolfe, *Firms of Endearment: How World Class Companies Profit from Passion and Purpose*, 2nd ed. (London, UK: Pearson Education, 2014), 68.

4. John Mackey and Raj Sisodia, *Conscious Capitalism: Liberating the Heroic Spirit of Business* (Boston, MA: Harvard Business Review Press, Kindle Edition, 2012), chapter 15.

5. 这就是哈佛商学院教授艾米·埃德蒙德所说的"心理安全"。

6. Drake Baer, "Why Doing Awesome Work Means Making Yourself Vulnerable," FastCompany, September 17, 2012, https://www.fastcompany.com/3001319/why -doing-awesome-work-means-making-yourself-vulnerable.

7. Brené Brown, "The Power of Vulnerability," filmed June 2010 at *TEDxHouston*, TX, video, 12:04, https://www.ted.com/talks/brene_brown_the_power_of_vulnera

bility?language=en.

8. Mackey and Sisodia, *Conscious Capitalism*, 227.

9. Dorie Clark, "What's the Line between Authenticity and TMI?," *Forbes*, August 26, 2013, https://www.forbes.com/sites/dorieclark/2013/08/26/whats-the-line -between-authenticity-and-tmi/#12881ca720a9.

10. Marriott International, "A Message from Arne," Twitter, March 20, 2020.

11. McKinsey & Company, "Women Matter, Time to Accelerate: Ten Years of Insights into Gender Diversity," October 2017, 13–15, https://www.mckinsey.com/~/media/McKinsey/Featured%20Insights/Women%20matter/Women%20Matter%20Ten%20years%20of%20insights%20on%20the%20importance%20of%20gender%20diversity/Women-Matter-Time-to-accelerate-Ten-years-of-insights-into-gender-diversity.ashx; and Vivian Hunt, Dennis Layton, and Sara Prince, "Why Diversity Matters," McKinsey & Company, January 2015, https://www.mckinsey.com/business-functions/organization/our-insights/why-diversity-matters.

12. McKinsey & Company, "Women Matter."

13. Jen Wieczner, "Meet the Women Who Saved Best Buy," *Fortune*, October 25, 2015, https://fortune.com/2015/10/25/best-buy-turnaround/.

14. Sally Helgesen and Marshall Goldsmith, *How Women Rise: Break the 12 Habits Holding You Back from Your Next Raise, Promotion, or Job* (New York, NY: Hachette Books, 2018).

15. Stephanie J. Creary, Mary-Hunter McDonnell, Sakshi Ghai, and Jared Scruggs, "When and Why Diversity Improves Your Board's Performance," Harvard Business Review, March 27, 2019, https://hbr.org/2019/03/when-and-why-diversity-improves-your-boards-performance.

16. Clare Garvie and Jonathan Frankle, "Facial-Recognition Software Might Have a Racial Bias Problem," *The Atlantic*, April 7, 2016, https://www.theatlantic.com / technology/archive/2016/04/the-underlying-bias-of-facial-recognition-systems /476991/.

第十一章

1. Robert Rosenzweig, "Robert S. McNamara and the Evolution of Modern Management," Harvard Business Review, December 2010, https://hbr.org/2010/12 /robert-s-mcnamara-and-the-evolution-of-modern-management.

2. Daniel Pink, "Drive: The Surprise Truth about What Motivates Us," RSA Animate, April 1, 2010, https://www.youtube.com/watch?v=u6XAPnuFjJc.

3. Robert Karasek, "Job Demands, Job Decision Latitude, and Mental Strain: Implications for Job Redesign," *Administrative Science Quarterly* 24, no. 2 (June 1979): 285–308, https://www.jstor.org/stable/2392498?casa_token =zErCV0 xkAv8AAAAA:YpBVSvBEQ5hj7z_EYgfGGX4QUUVJO4LhV_vTcm2lTXPj Ou YoQqlzLkzmzvwfd4jL5SlhKnbv6ZejaHhIY_vDHolTkpjZjiN2hQ4Dj9VRX1cYur _6ab9bCA&seq=1#metadata.

4. Amazon, Jeff Bezos's letter to shareholders, April 2017, https://www.sec.gov/ Archives/edgar/data/1018724/000119312517120198/d373368dex991.htm.

5. 保罗·赫西和肯·布兰卡德提出了"情境领导力"模型。See Paul Hersey, Kenneth Blanchard, and Dewey Johnson, *Management of Organizational Behavior: Leading Human Resources*, 10th ed. (Upper Saddle River, NJ: Pearson Prentice Hall, 2012).

6. Alex Berenson, "Watch Your Back, Harry Potter: A Wizardly Computer Game, Diablo II, Is a Hot Seller," *New York Times*, August 3, 2000, https://www.nytimes. com/2000/08/03/business/watch-your-back-harry-potter-a-wizardly-comuter- game-diablo -ii-is-a-hot-seller.html.

第十二章

1. George Leonard, *Mastery: The Keys to Success and Long-Term Fulfillment* (New York, NY: Penguin Publishing Group, Kindle Edition, 1992), xiii.

2. Neil Hayes, *When the Game Stands Tall, Special Movie Edition: The Story of the De La Salle Spartans and Football's Longest Winning Streak* (Berkeley, CA: North Atlantic Books, 2014).

3. "我们的权利仅限于履行委托给我们的行为，我们的责任在于尽我们最大的能力履行它。当我们的注意力集中在行动结果，而不是行动本身时，我们往往会分心，无法集中全部注意力。痴迷也会让我们紧张，对胜利的渴望更会让我们失去力量。" From Menon Devdas, *Spirituality at Work: The Inspiring Message of the Bhagavad Gita* (Mumbai, India: Yogi Impressions Books, Kindle Edition, 2016), 103.

4. Robert Sutton and Ben Wigert, "More Harm than Good: The Truth about Performance Reviews," *Gallup*, May 6, 2019, https://www.gallup.com/workplace

/249332/harm-good-truth-performance-reviews.aspx.

5. Rosamund Stone Zander and Ben Zander, *The Art of Possibility: Transforming Professional and Personal Life* (New York, NY: Penguin), chapter 3.

6. Marcus Buckingham and Ashley Goodall, *Nine Lies about Work: A Freethinking Leader's Guide to the Real World* (Boston, MA: Harvard Business Review Press, Kindle Edition, 2019), 111.

第十三章

1. Chan Kim and Renée Mauborgne, *Blue Ocean Strategy: How to Create Uncontested Market Space and Make the Competition Irrelevant* (Boston, MA: Harvard Business School Publishing, 2004).

2. 这个词由詹姆斯·柯林斯和杰瑞·波拉斯提出。

第十四章

1. Emma Seppälä, "What Bosses Gain by Being Vulnerable," Harvard Business Review, December 11, 2014, https://hbr.org/2014/12/what-bosses-gain-by-being-vulnerable.

2. Rodolphe Durand and Chang-Wa Huyhn, "Approches du Leadership, Livret de Synthèse," HEC Paris, Society and Organizations Institute, n.d.

3. Clayton Christensen, "How Will You Measure Your Life?," Harvard Business Review, July–August 2010, https://hbr.org/2010/07/how-will-you-measure-your-life.

4. Christensen, "How Will You Measure Your Life?

第十五章

1. Clayton Christensen, "How Will You Measure Your Life?," Harvard Business Review, July–August 2010, https://hbr.org/2010/07/how-will-you-measure-your-life.

2. Marshall Goldsmith and Scott Osman, *Leadership in a Time of Crisis: The Way Forward in a Changed World* (New York, NY: Rosetta Books, 2020).

结语

1. Hortense le Gentil, *Aligned: Connecting Your True Self with the Leader You're Meant to Be* (Vancouver, BC: Page Two, 2019), 2.